westermann

Andrea Behnke

So einfach funktioniert Deutschland

Teil 3: Ausbildung und Beruf

3. Auflage

Bestellnummer 99830

Die in diesem Produkt gemachten Angaben zu Unternehmen (Namen, Internet- und E-Mail-Adressen, Handelsregistereintragungen, Bankverbindungen, Steuer-, Telefon- und Faxnummern und alle weiteren Angaben) sind i. d. R. fiktiv, d. h., sie stehen in keinem Zusammenhang mit einem real existierenden Unternehmen in der dargestellten oder einer ähnlichen Form. Dies gilt auch für alle Kunden, Lieferanten und sonstigen Geschäftspartner der Unternehmen wie z. B. Kreditinstitute, Versicherungsunternehmen und andere Dienstleistungsunternehmen. Ausschließlich zum Zwecke der Authentizität werden die Namen real existierender Unternehmen und z. B. im Fall von Kreditinstituten auch deren IBANs und BICs verwendet.

Materialien für Lehrerinnen und Lehrer

inkl. E-Book

BiBox Einzellizenz für Lehrer/-innen (Dauerlizenz): 978-3-427-86188-1
BiBox Kollegiumslizenz für Lehrer/-innen (Dauerlizenz): 978-3-427-86186-7

Materialien für Schülerinnen und Schüler

inkl. E-Book

Arbeitsheft: 978-3-427-99825-9

westermann GRUPPE

Druck und Bindung: Westermann Druck GmbH, Georg-Westermann-Allee 66, 38104 Braunschweig

ISBN 978-3-427-**99830**-3

Vorwort

Zielgruppe

„So einfach funktioniert Deutschland“ informiert leicht verständlich über das Leben in Deutschland. Die Reihe ist für den Unterricht in Internationalen Förder- und Vorbereitungsklassen sowie in vergleichbaren Einrichtungen konzipiert. Sie richtet sich vor allem an Schülerinnen und Schüler mit Flüchtlings- oder Migrationshintergrund. Ein Teil dieser Schülerinnen und Schüler wird in den kommenden Monaten und Jahren in den Arbeitsmarkt integriert und benötigt rasch kompaktes Basiswissen und -vokabular zu einer Vielzahl von Themen.

Inhalt und Konzept

Teil 3 von „So einfach funktioniert Deutschland“ beschäftigt sich mit Fragen rund um Ausbildung und Beruf. Das Heft führt in das Berufsbildungssystem in Deutschland ein. Es stellt verschiedene Möglichkeiten vor, in den Beruf einzusteigen. Aus- und Fortbildungswege, Praktika, Bundesfreiwilligendienste: All diese Wege in die Arbeitswelt werden beleuchtet. Es geht um die Gestaltung von Arbeitsverträgen, um den Arbeits-Knigge und um Frauen im Beruf. Zahlreiche Tipps rund um Stellensuche, Bewerbung, Umgang mit Behörden und Möglichkeiten zur Unterstützung runden das Heft ab.

Das Besondere: Zentrale Begriffe und Erklärungen wurden in die Sprachen Englisch, Französisch, Hocharabisch und Farsi übersetzt. In Kapitel VI finden die Lernenden gebräuchliche Floskeln und Redewendungen aus dem Arbeitsleben, ebenfalls übersetzt in diese vier Sprachen.

Ganz wichtig: Das Heft soll nicht belehren. Vielmehr möchte es Tipps geben und informieren. Dabei helfen auch Schaubilder und Fotos.

Das Heft gliedert sich in sechs Kapitel mit insgesamt 29 Themen, die Lehrkräfte in beliebiger Reihenfolge einsetzen können. Die Inhalte des Heftes wurden auf das Wesentliche reduziert, damit sie verständlich bleiben. Die Lehrkräfte sollten die Themen gemeinsam mit den Lernenden erarbeiten und besprechen. So lassen sich auch sprachliche Barrieren überwinden.

Sprache

Voraussetzung für die Arbeit mit „So einfach funktioniert Deutschland“ sind Grundkenntnisse der deutschen Sprache. Schwierige Sachverhalte sind in einfachen Worten erklärt. Die Wortbestandteile zusammengesetzter Nomen sind farblich gekennzeichnet, damit sie besser erfasst werden können. Aus Gründen der besseren Lesbarkeit wird auf die gleichzeitige Verwendung der Sprachformen männlich, weiblich und divers (m/w/d) verzichtet. Sämtliche Personenbezeichnungen gelten gleichermaßen für alle Geschlechter.

Schon erschienen:

Teil 1 So einfach funktioniert Deutschland – Politik, Gesellschaft und Wertvorstellungen

Teil 2 So einfach funktioniert Deutschland – Leben und Alltag

Inhaltsverzeichnis

1 System der Berufsbildung

Einen Ausbildungsberuf wählen

Viele Menschen machen nach der Schule eine berufliche Ausbildung.

Mit welchem Schulabschluss kann ich eine Berufsausbildung machen?

- Verlässt man die Schule, hat man einen Schulabschluss. Je nach Schulform sind das zum Beispiel: Hauptschulabschluss, Mittlere Reife[1], Fachhochschulreife, Fachoberschulreife oder Abitur. Mit manchen Abschlüssen (zum Beispiel Fachhochschulreife oder Abitur) kann man studieren. Mit anderen Abschlüssen geht das nur in Ausnahmefällen.

  Auch mit Abitur kann man eine Ausbildung machen. Bei manchen Ausbildungen sind Menschen mit Abitur sehr gerne gesehen. Bei anderen reichen Mittlere Reife oder Hauptschulabschluss.

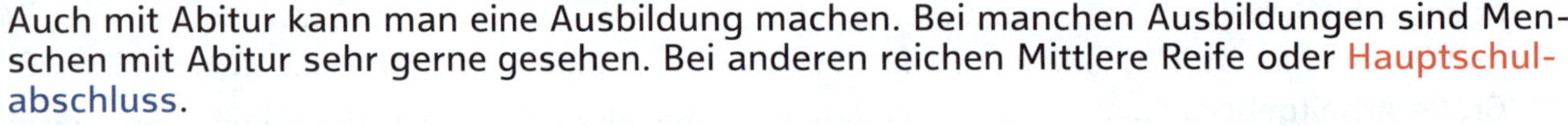

- Ohne Schulabschluss hat man meistens keine Chance, eine Ausbildungsstelle zu bekommen. Doch man kann einen Schulabschluss nachmachen. Das gilt zum einen für Menschen, die noch gar keinen Schulabschluss haben. Aber auch Menschen, die zum Beispiel schon einen Hauptschulabschluss haben, können die Mittlere Reife oder das Abitur erwerben. Das nennt man „zweiter Bildungsweg".

Information ist wichtig

- Eine gute Ausbildung ist die Basis. Ohne Ausbildung oder Studium hat man es schwer im Berufsleben. Die passende Ausbildung zu finden, ist gar nicht so einfach. Denn es gibt mehrere Hundert Ausbildungsberufe in Deutschland. Darunter sind Ausbildungen im Betrieb und Ausbildungen an einer Schule: Man nennt sie betriebliche und schulische Ausbildungen.
- Die Agentur für Arbeit veröffentlicht jedes Jahr einen Ratgeber „Beruf aktuell". Darin findet man alle Ausbildungsberufe: https://www.arbeitsagentur.de/datei/dok_ba014834.pdf.

  Außerdem kann man direkt online nach Informationen über Ausbildungsberufe suchen: https://www.berufenet.arbeitsagentur.de.
- Im Berufsinformationszentrum (BIZ) der Agentur für Arbeit können sich Schulabgänger über Berufe informieren. Oft finden auch Veranstaltungen statt. Außerdem gibt es dort verschiedene Zeitschriften und Broschüren, in denen es um die Berufswahl geht. Das Berufsinformationszentrum ist wie eine Bücherei zum Thema Berufe und Ausbildung. Die Nutzung kostet nichts.

  Zudem berät die Berufsberatung der Agentur für Arbeit rund um das Thema Ausbildung. In nahezu jedem größeren Ort gibt es eine Agentur für Arbeit. Die Jugendmigrationsdienste sowie die Migrationsberatung für erwachsene Zuwanderer unterstützen ebenfalls bei der Berufswahl: https://www.jugendmigrationsdienste.de.
- Auch das Bundesinstitut für Berufsbildung (BIBB) bietet viele Informationen zu Ausbildungsberufen: https://www.bibb.de.

[1] Der Mittlere Schulabschluss wird je nach Bundesland unterschiedlich bezeichnet, vgl. https://www.kmk.org/fileadmin/Dateien/pdf/PresseUndAktuelles/Beschluesse_Veroeffentlichungen/allg_Schulwesen/Schulart_Bildungsg_Sek1.pdf, S. 9.

1 System der Berufsbildung

Einen Ausbildungsberuf wählen

Welcher Beruf passt zu mir? Fragen zur Berufswahl:

- ⇨ Was mache ich gerne?
- ⇨ Was kann ich gut?
- ⇨ Wo lag der Schwerpunkt meiner bisherigen Ausbildung/Arbeit?
- ⇨ Welche praktischen Erfahrungen bringe ich mit?
- ⇨ Welche beruflichen Bereiche finde ich interessant?
- ⇨ Für welche Themen kann ich mich begeistern?

Auf alle, die einen Hauptschulabschluss oder einen Realschulabschluss machen, warten die Fragen: Möchte ich das Fachabitur oder das Abitur machen? Oder suche ich mir eine Ausbildungsstelle? Welche passt zu mir? Und alle, die (Fach-)Abitur haben, stehen vor der Wahl: Ausbildung oder Studium. Die Entscheidung für einen Beruf ist wichtig. Daher sollte man sich Zeit nehmen und sich informieren. In Deutschland gibt es viele Berater und Beraterinnen, die bei der Berufswahl unterstützen. Zum Beispiel die Experten und Expertinnen der Agentur für Arbeit und der Berufsinformationszentren sowie des Bundesinstituts für Berufsbildung. Zudem findet man viele Informationen im Internet.

Übersetzungshilfe – Translation guide – Aide à la traduction - دليل الترجمة - راهنمای ترجمه

die Ausbildungsstelle	trainee position	la place d'apprenti	فرصة تدريبية	موقعيت كارآموزى
die Beratung	advice	l'orientation professionnelle	استشارة	مشاوره
die Berufsausbildung	vocational training	la formation professionnelle	تدريب مهني	آموزش حرفه ای
die Berufswahl	choice of career	le choix d'une profession ou d'un métier	اختيار المهنة	انتخاب شغل
die betriebliche Ausbildung	on-the-job training	la formation en entreprise	تدريب داخل الشركة	آموزش داخل شركت
der Schulabgänger	school-leaver	l'élève ayant terminé sa scolarité	خريج المدرسة	فارغ التحصيل مدرسه
der Schulabschluss	school-leaving qualification	le diplôme de fin d'études	المؤهل الدراسي	مدرک مدرسه
die schulische Ausbildung	school education	la formation scolaire	تعليم مدرسي	آموزش مدرسه ای

1 System der Berufsbildung

Nach der Schule kommt noch einmal Schule

Die meisten Ausbildungen in Deutschland sind „dual". Das heißt: Praktische Erfahrungen sind mit einem Schulbesuch verbunden. Der Auszubildende lernt im Betrieb und in der Schule. Lernen ist in der Ausbildung sehr wichtig – sowohl in der Theorie als auch in der Praxis. Die Schule heißt Berufsschule. Für jeden Ausbildungsberuf gibt es eine eigene Klasse.

Die duale Ausbildung in Deutschland ist erfolgreich. Denn die Auszubildenden können ihr Wissen direkt im Betrieb anwenden.

Für jeden Ausbildungsberuf gibt es eine Ausbildungsordnung. Das Bundesministerium für Bildung und das Bundesministerium für Wirtschaft haben diese erstellt. So sind die Ausbildungsberufe staatlich anerkannt. Das heißt: Egal, ob man seine Ausbildung in Bayern oder in Schleswig-Holstein macht, die Inhalte sind gleich. Anders ist es bei den Lehrplänen der Berufsschulen: Für Schulen sind in Deutschland die Bundesländer zuständig. Die Bundesländer legen die Lehrpläne der Schulen fest.

Einige Ausbildungen finden in erster Linie an einer Schule statt. Das sind vor allem Ausbildungen im sozialen Bereich. Doch auch hier sammeln die Schüler praktische Erfahrungen: Sie machen Praktika, zum Beispiel in Kindergärten oder Werkstätten für Menschen mit Behinderungen.

Welche Ausbildungen gibt es?

- Man kann in sehr vielen Feldern eine Ausbildung machen: in Berufen rund um Bau und Architektur, rund um Elektronik, IT und Computer, Produktion, Technik, Metall und Maschinenbau, Naturwissenschaften, Landwirtschaft und Umwelt, Verkehr und Logistik, rund um Sprachen, Gesundheit, Kunst, Kulturgestaltung, Medien, Soziales, Wirtschaft und Verwaltung und in Dienstleistungsberufen. Kurzum: Für jeden gibt es ein interessantes Berufsfeld mit verschiedenen Ausbildungsberufen. Es entstehen immer wieder neue Ausbildungsberufe.

Wie finde ich eine Ausbildung?

- Gerade große Firmen suchen regelmäßig Auszubildende. Aber auch kleinere Firmen bieten Ausbildungsstellen an. Kleinere und mittelgroße Firmen bilden den sogenannten Mittelstand in Deutschland. Besonders der Mittelstand sucht Auszubildende. Das Ausbildungsjahr startet in der Regel im Sommer. Das heißt: Man muss sich rechtzeitig bewerben. Die Bewerbung geht direkt an das Unternehmen. Bei schulischen Ausbildungen bewirbt man sich an der Schule.

- Manche Unternehmen suchen über Anzeigen Auszubildende. Das nennt man Ausschreibung. Oft bewirbt man sich jedoch ohne Ausschreibung. Das nennt man Initiativbewerbung oder Blindbewerbung. Die lokale Agentur für Arbeit weiß, welche Firmen vor Ort Auszubildende einstellen.

- In manchen Berufen muss man flexibel sein: Man muss bereit sein, für eine Ausbildungsstelle umzuziehen. Nicht in jedem Ort gibt es ausreichend Ausbildungsplätze im Wunschberuf. Denn die Unternehmen und Betriebe suchen sich die Auszubildenden aus. In beliebten Berufen gibt es mehr Bewerber als Ausbildungsplätze.

1 System der Berufsbildung

Nach der Schule kommt noch einmal Schule

Welche Rechte und Pflichten habe ich als Auszubildender?

- Ich lerne im Betrieb, sodass ich die Ausbildung erfolgreich abschließen kann. Der Arbeitgeber muss mir Werkzeuge und Arbeitsmittel geben. Er muss mich für die Berufsschule freistellen. Er sorgt dafür, dass mir bei der Arbeit nichts passiert. Ich bekomme Geld und Urlaub. Am Ende der Ausbildung erhalte ich ein Zeugnis.
- Ich muss mitarbeiten und lernen. Ich muss die Berufsschule besuchen und ein Berichtsheft führen. Betriebsgeheimnisse darf ich nicht verraten. Mit den Werkzeugen und Arbeitsmitteln muss ich sorgsam umgehen.

Verschiedene Wege zum Beruf – Orte der Ausbildung

Eine Ausbildung kann entweder in einem Unternehmen erfolgen oder an einer Schule.

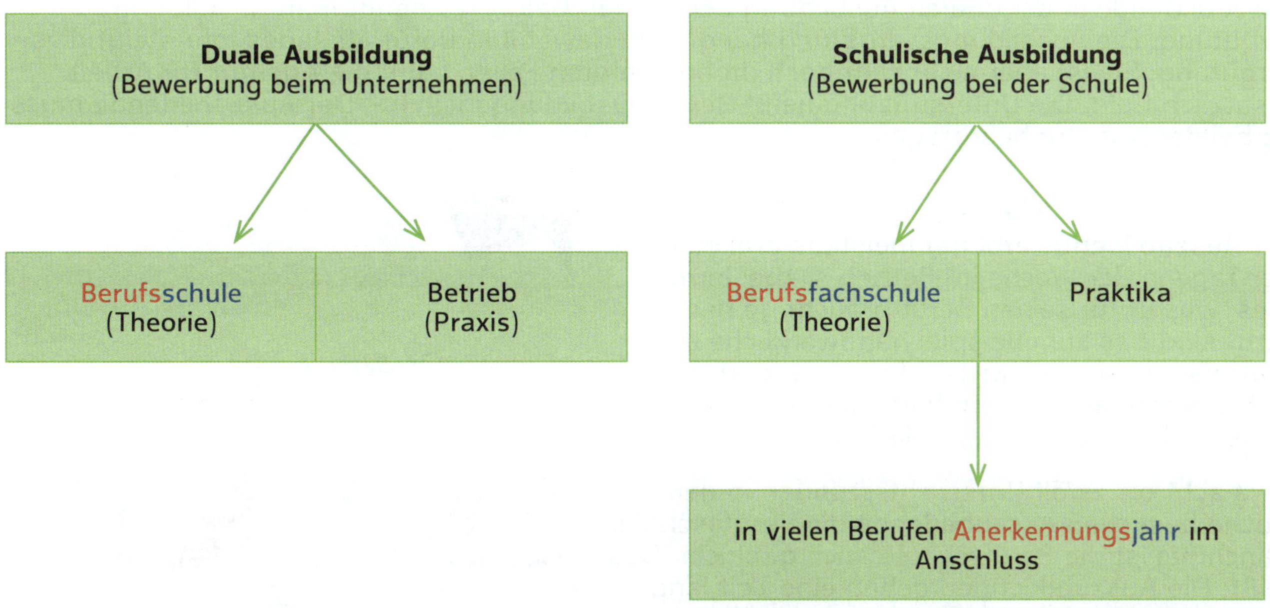

Übersetzungshilfe – Translation guide – Aide à la traduction - دليل الترجمة - راهنمای ترجمه

die Ausschreibung	advertisement	le recrutement direct	إعلان	دعوت به همکاری
die Berufsschule	vocational college	le centre de formation des apprentis (CFA)	مدرسة مهنية	مدرسه حرفه ای
der Betrieb/das Unternehmen	company	l'entreprise	شركة	شرکت
der Bewerber	applicant	le candidat	متقدم، مرشح	متقاضی
die Initiativbewerbung	unsolicited job application	la candidature spontanée	مبادرة التقدم إلى وظيفة	تقاضای داوطلبانه

1 System der Berufsbildung

Duale Ausbildung

Habe ich in der dualen Ausbildung einen Vertrag?

➪ In der dualen Ausbildung ist man bei einem Unternehmen angestellt. Den Ausbildungsvertrag schließen die Auszubildenden mit dem Betrieb. Dort sind sie angestellt für die Dauer der Ausbildung. Die Handwerksordnung und das Berufsbildungsgesetz regeln den betrieblichen Teil der Ausbildung. Somit sind die Ausbildungen staatlich anerkannt.

Wie lang ist eine Ausbildung?

➪ Die meisten Ausbildungen dauern drei Jahre. Es gibt aber auch kürzere Ausbildungen und selten längere.

Verdiene ich etwas in der Ausbildung?

➪ Auszubildende in der dualen Ausbildung bekommen Geld. Das nennt man Ausbildungsvergütung. Die Ausbildungsvergütung hängt vom gewählten Beruf ab. Jedes Jahr steigt diese Vergütung. Sie ist aber nicht sehr hoch. In bestimmten Fällen zahlt die Agentur für Arbeit zusätzlich Geld. Die Unterstützung heißt Berufsausbildungsbeihilfe. Der Auszubildende muss sie bei der Agentur beantragen.

Wie sieht eine Ausbildung aus?

➪ Der Auszubildende arbeitet meistens drei oder vier Tage in der Woche im Betrieb. Dabei lernt er alles, was er für seinen Beruf braucht. Je nach Beruf sind das zum Beispiel handwerkliche oder kaufmännische Fähigkeiten. Er lernt die Abläufe im Unternehmen kennen. Je mehr er gelernt hat, desto mehr Verantwortung darf er übernehmen.

➪ Etwa acht bis zwölf Unterrichtsstunden in der Woche besuchen Auszubildende die Berufsschule. Manchmal ist die Berufsschule auch geblockt. Das heißt: Die Auszubildenden gehen eine Zeit lang nur zur Berufsschule und arbeiten dann für eine Weile nur im Betrieb.

➪ Die Berufsschule ist Pflicht. Sobald man den Ausbildungsvertrag unterzeichnet hat, wird man wieder schulpflichtig.

Was lerne ich an der Berufsschule?

➪ Die Berufsschule ist eng mit der jeweiligen Ausbildung verbunden. Lernt man zum Beispiel Tischler, so stehen Fächer wie Montage, Fertigungsprozesse, Gestaltung und Fräsen auf dem Stundenplan. Hinzu kommen sogenannte allgemeinbildende Fächer: Das sind zum Beispiel Deutsch, Politik, Gesellschaftslehre und Sport.

➪ Die Lehrpläne sind nicht in allen Bundesländern gleich.

1 System der Berufsbildung

Duale Ausbildung

Was ist ein Berichtsheft?

⇨ In der Schule bekommt man Noten. So kann man zeigen, dass man die Theorie verstanden hat. Als Nachweis für die praktische Ausbildung im Betrieb muss man regelmäßig Berichte schreiben. Sie enthalten zum Beispiel folgende Punkte:

- In welcher Abteilung arbeite ich gerade?
- Mit welchen Werkzeugen, Maschinen, Hilfsmitteln oder Programmen wird dort gearbeitet?
- Was habe ich gelernt? (erlernte Fähigkeiten und Kenntnisse)
- Was hat mir besonders gut gefallen?
- Was durfte ich in der Abteilung machen?

Diese Berichte werden im Berichtsheft gesammelt.

Als Auszubildender im dualen System hat man Rechte und Pflichten. Man ist angestellt bei einem Unternehmen. Das heißt: Man schließt einen Vertrag mit dem Unternehmen und verdient Geld. Das ist die Ausbildungsvergütung. Meistens arbeitet man drei oder vier Tage im Unternehmen. An den anderen Tagen muss man in die Berufsschule gehen. Dort hat man Unterricht. Als Auszubildender ist man wieder schulpflichtig. In der Schule bekommt man Noten. Im Unternehmen muss man Berichte schreiben über seine Ausbildung. In der Regel dauert eine Ausbildung drei Jahre.

Übersetzungshilfe – Translation guide – Aide à la traduction – دليل الترجمة – راهنماي ترجمه

das allgemeinbildende Fach	general subject	la matière de culture générale	مواد الثقافة العامة	درس آموزش عمومى
das Berichtsheft	report book	le dossier de rapports	دفتر التقرير	دفتر گزارش
die duale Ausbildung	practical and theoretical course of training	la formation pratique et théorique alternée	تدريب مزدوج	آموزش دوگانه
die Ausbildungsvergütung	the training allowance	l'allocation de formation	أجر التدريب العملي	آموزش حرفهاى مهزينه دورة
schulpflichtig	required to attend school	soumis à la scolarité obligatoire	سن التعليم الإلزامي	سن مدرسه
die Vergütung	allowance	la rétribution	إعانة مالية	كمک هزينه
der Vertrag	contract	le contrat	عقد	قرارداد

1 System der Berufsbildung

Schulische Ausbildung

Neben der dualen Berufsausbildung gibt es auch die schulische Ausbildung. Diese gibt es vor allem in folgenden Branchen: Gesundheit und Sozialwesen, IT und Informatik, Fremdsprachen, Wirtschaft und Technik. Einige Berufsbeispiele: Erzieher/-in, Krankenpfleger/-in, Altenpfleger/-in, Informatikassistent/-in.

Manche Berufe kann man nur über eine schulische Ausbildung erlernen. Bei anderen Berufen kann man zwischen der schulischen und der dualen Ausbildung wählen.

Es gibt staatliche und private Schulen. Private Schulen kosten meistens Schulgebühren. Wichtig ist es, dass man eine Schule auswählt, die staatlich anerkannt ist. Nur dann ist auch der Berufsabschluss staatlich anerkannt.

Die Schulen heißen zum Beispiel Berufsfachschulen, Fachschulen, Berufsschulen, Berufskollegs oder Schulen des Gesundheitswesens. Letztere gehören meistens zu einem Krankenhaus.

Wie sieht eine schulische Ausbildung aus?

- Hier gilt wieder: Schule ist Sache der Bundesländer. Somit können die Bundesländer festlegen, wie die schulische Ausbildung in ihrem Bundesland aussieht. Je nach Beruf dauert die Ausbildung bis zu 3,5 Jahre.

  Die gesamte Ausbildung läuft über die Schule. Oft kann man auch neben der Ausbildung einen höheren Schulabschluss erwerben.
- Damit die Ausbildung nicht nur theoretisch bleibt, gibt es Praktika. Manche Ausbildungen enden auch mit einem praktischen Jahr.

Wie bewerbe ich mich um eine schulische Ausbildung?

- Interessierte bewerben sich direkt an den Schulen. Die Schulen wählen aus. Je nach Bundesland sind die Voraussetzungen unterschiedlich. Daher muss man sich frühzeitig an den gewünschten Schulen erkundigen.

***Tipp:* Ausbildung in Teilzeit**

Vor allem, wenn man kleine Kinder hat oder einen Angehörigen pflegt, ist eine Ausbildung eine Herausforderung. Doch man kann häufig eine Ausbildung in Teilzeit machen. Das heißt: Pro Woche nimmt die Ausbildung weniger Zeit in Anspruch. Dafür dauert sie insgesamt etwas länger. Für Frauen ist eine Ausbildung ebenso wichtig wie für Männer.

1 System der Berufsbildung

Nach der Schule kommt noch einmal Schule

Was ist ein duales Studium?

➪ Manche Unternehmen arbeiten mit Berufsakademien oder Fachhochschulen zusammen. Dort kann man gleichzeitig eine Ausbildung machen und studieren. Am Ende hat man einen Berufsabschluss und einen akademischen Abschluss.

Was kann ich machen, wenn ich nicht direkt einen Ausbildungsplatz bekomme?

➪ Manchmal klappt es nicht direkt nach der Schule mit einer Ausbildungsstelle. Für den Fall gibt es das Berufsvorbereitungsjahr. In diesem Jahr geht man zur Berufsschule und macht Praktika oder praktische Schulprojekte.
Oft kann man im Berufsvorbereitungsjahr auch einen Schulabschluss nachholen. Informationen gibt es bei der örtlichen Agentur für Arbeit.

Schulische Ausbildungen sind eine Alternative zur Ausbildung im Betrieb („duale Ausbildung“). In bestimmten Branchen findet die Ausbildung oft in Schulen statt: in Berufen rund um Gesundheit und Soziales oder rund um Medien und IT zum Beispiel. Oft gehören Praktika zur Ausbildung. Man muss sich direkt an den Schulen bewerben. Manche Schulen nehmen Schulgeld (Schulgebühren). Eine schulische Ausbildung dauert bis zu dreieinhalb Jahren.

Übersetzungshilfe – Translation guide – Aide à la traduction - دليل الترجمة – راهنماي ترجمه

das Berufs-vorbereitungsjahr	year of preparatory training	l’année de préparation à la formation	سنة للتحضير المهني	دوره آموزشی آمادگی کاری
das praktische Jahr	year of work placement	l’année de formation pratique	سنة تطبيقية	سال عملی
die Schulgebühr	college fee	les frais de scolarité	رسوم الدراسة	شهريه مدرسه
staatlich anerkannt	state-approved	reconnu par l’État	موافقة به من قبل الدولة	مورد تاييد دولت
die Teilzeit	part-time	le temps partiel	دوام جزئي	پاره وقت

2 Ausbildungsabschlüsse

Den Abschluss machen

Jede Ausbildung endet mit Prüfungen. Wenn man die Prüfung besteht, hat man einen Abschluss. Eine abgeschlossene Berufsausbildung ist wertvoll. Mit einem Berufsabschluss kann man als Fachkraft im erlernten Beruf arbeiten.

Theoretische Prüfung

Praktische Prüfung

Prüfungen in der dualen Ausbildung

- Während der Ausbildung im Betrieb und in der Berufsschule müssen die Auszubildenden Prüfungen bestehen. In vielen Berufen gibt es eine Zwischenprüfung. Sie ist in der Mitte der Ausbildung. Sie zeigt, wie viel der Auszubildende schon gelernt hat. Am Ende der Ausbildung folgt in allen Berufen die Abschlussprüfung. Diese ist in manchen Berufen aufgeteilt in mehrere Teile. Im Handwerk heißt sie Gesellenprüfung. Die Industrie- und Handelskammer (IHK) oder die Handwerkskammer nimmt die praktische Prüfung ab. Zuvor werden in der Berufsschule auch Prüfungen abgelegt.

Abschlüsse der dualen Ausbildung

- Die Abschlüsse richten sich nach der Ausbildung. Mögliche Bezeichnungen nach der bestandenen Prüfung: Facharbeiter, Fachkraft oder Kaufmann. Hinzu kommen viele andere Berufsbezeichnungen.

Prüfungen in der schulischen Ausbildung

- Die Prüfungen hängen von der einzelnen Schule und vom Bundesland ab. Meistens besteht die Abschlussprüfung aus einem schriftlichen und einem mündlichen Teil. Zudem werden auch praktische Fähigkeiten geprüft. In jedem Schuljahr werden auch Arbeiten geschrieben oder Referate gehalten.

Abschlüsse der schulischen Ausbildung

- Auch hier hängt der Abschluss von der gewählten Ausbildung ab. Manchmal tragen die Abschlüsse das Wort „Assistent“ im Titel: Sozialassistent oder Technischer Assistent zum Beispiel. Darüber hinaus gibt es viele andere Berufsbezeichnungen – vom Hauswirtschafter bis zum Fachinformatiker oder Technischen Zeichner.

Abschlusszeugnisse

- Hat man ein staatlich anerkanntes Abschlusszeugnis in der Hand, kann man sich damit überall in Deutschland bewerben.

2 Ausbildungsabschlüsse

Den Abschluss machen

Nach der Abschlussprüfung

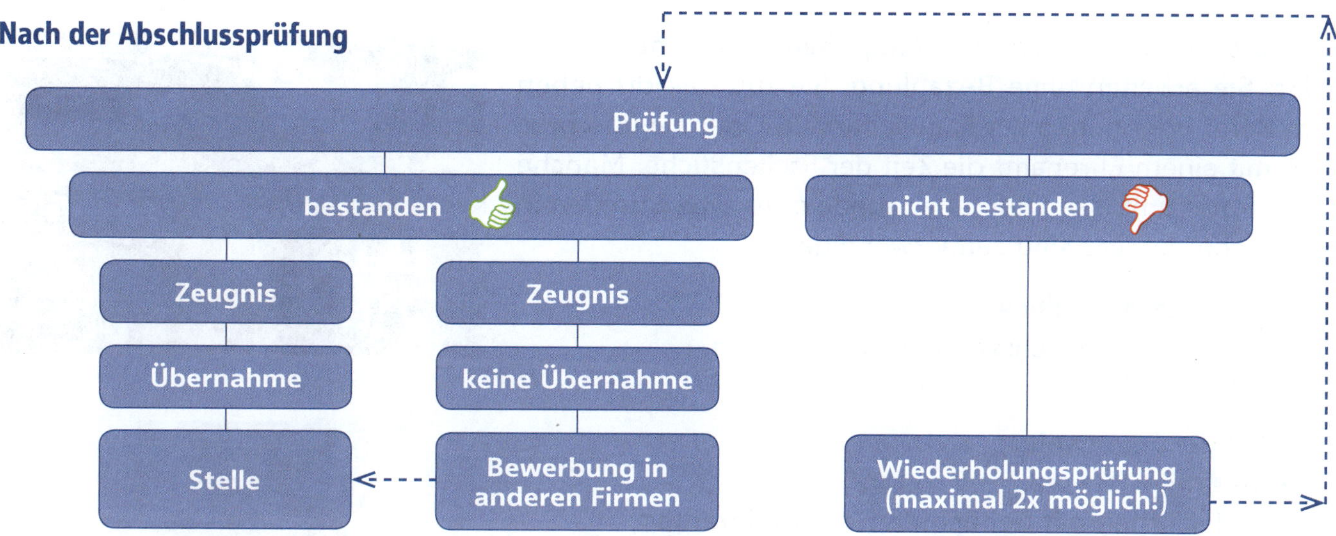

Eine Ausbildung schließt mit einem Abschluss ab. Man muss Prüfungen ablegen, um den Abschluss zu bekommen. Manchmal gibt es eine Zwischenprüfung. Diese ist in der Mitte der Ausbildung. Nach der Abschlussprüfung bekommt man sein Abschlusszeugnis. Es kann passieren, dass man die Prüfung nicht besteht. Dann darf man sie zweimal wiederholen. Mit dem Abschlusszeugnis kann man sich überall in Deutschland bewerben.

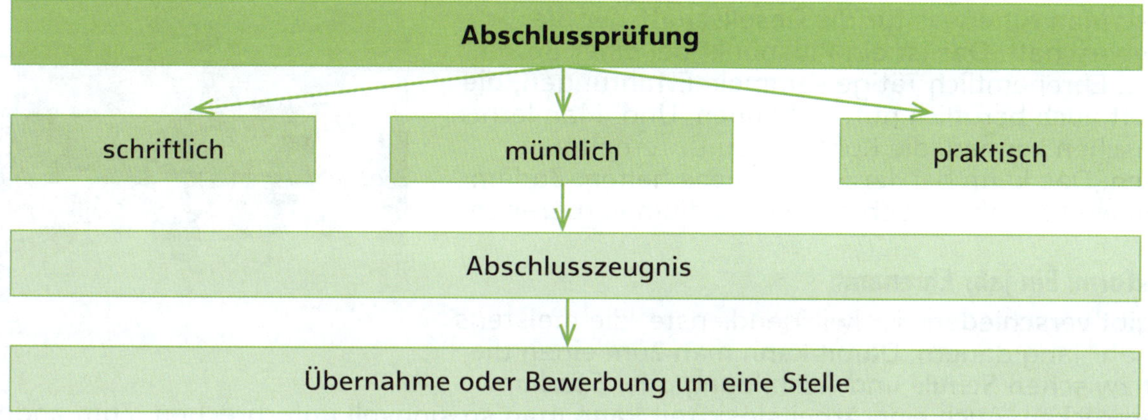

Übersetzungshilfe – Translation guide – Aide à la traduction – دليل الترجمة – راهنماي ترجمه

der Abschluss	qualification	l'examen de fin d'études	المؤهل	مدرک
die Industrie- und Handelskammer (IHK)	chamber of commerce	la Chambre de Commerce et d'Industrie (la CCI)	غرفة التجارة والصناعة	اتاق صنعت و بازرگانی
die praktische Prüfung	practical exam	la partie pratique d'un examen	امتحان تطبيقي	امتحان عملی
die Stelle	job	l'emploi	عمل	کار
die theoretische Prüfung	theoretical exam	la partie théorique d'un examen	امتحان نظري	عنوان
die Übernahme	job offer	l'engagement	قبول	گواهینامه
die Wiederholungsprüfung	resit	l'examen repassé	إعادة الامتحان	امتحان میان ترم
das Zeugnis	certificate	les notes	شهادة	مدرک

3 Ehrenamt und Freiwilligendienst

Engagement, das sich auszahlt

In Deutschland arbeiten viele Menschen ehrenamtlich. Das heißt: Sie arbeiten ohne Bezahlung. Sie tun das oft neben dem Beruf oder neben der Familienarbeit. Oder sie überbrücken mit einem Ehrenamt die Zeit der Stellensuche. Manche Ehrenämter umfassen nur eine Stunde oder zwei Stunden in der Woche. Andere sind zeitaufwendiger.

Welche Ehrenämter gibt es?

➪ Es gibt sehr viele ehrenamtliche Aufgaben, zum Beispiel:

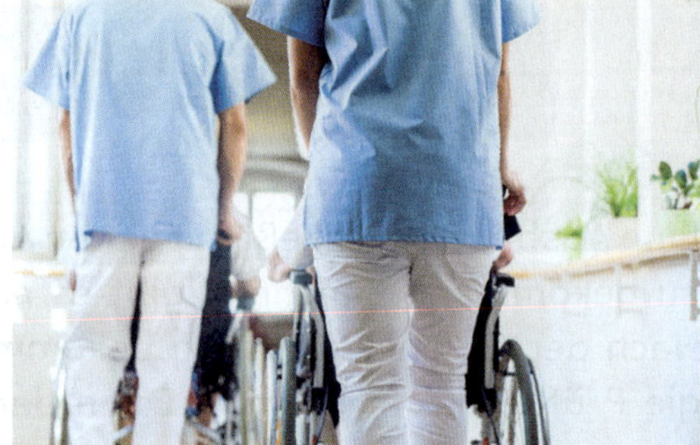

- bei der Feuerwehr,
- im Umweltschutz,
- in der Arbeit mit Geflüchteten oder Migranten,
- in der Arbeit mit Kindern und alten Menschen oder
- in kulturellen Einrichtungen

In vielen Orten gibt es Freiwilligenzentralen, die ehrenamtlich Tätige vermitteln.

Was bringt ein Ehrenamt für den Beruf?

➪ Ein Ehrenamt zeigt, dass man sich engagiert. Das heißt: Man tut etwas für die Gesellschaft, für die Gemeinschaft. Das ist ein Pluspunkt bei einer Bewerbung. Ehrenamtlich Tätige sammeln Erfahrungen, die sie oft auch beruflich nutzen können. Und: Man lernt Menschen kennen, die Kontakte zu Unternehmen haben. Das kann bei der Stellensuche helfen. Zudem kann ein Ehrenamt auch auf ein Studium vorbereiten.

Sonderform: Ein Jahr Ehrenamt

➪ Es gibt verschiedene Freiwilligendienste, die meistens ein Jahr lang dauern. Damit kann man zum einen die Zeit zwischen Schule und Ausbildung oder Studium überbrücken. Auch eine Arbeitslosigkeit kann man so sinnvoll unterbrechen. Zum anderen lernt man neue Arbeitsfelder (Soziales, Kultur oder Umwelt) kennen. Somit bietet ein Freiwilligendienst auch berufliche Orientierung.

Jugendfreiwilligendienst

An diesem Dienst können Menschen bis 27 Jahre teilnehmen.

➪ Freiwilliges Soziales Jahr (FSJ): Die Freiwilligen arbeiten zum Beispiel in Kindertagesstätten, in der Pflege oder im Museum.

➪ Freiwilliges Ökologisches Jahr (FÖJ): Die Freiwilligen arbeiten zum Beispiel im Tierschutz oder auf einem Bauernhof.

➪ Die Freiwilligen bekommen in der Regel ein Taschengeld. Die Sozialversicherung übernimmt der Träger. Unterkunft und Verpflegung können gestellt werden. Seit 2019 kann der Freiwilligendienst auch in Teilzeit stattfinden. Das geht, wenn bestimmte Gründe vorliegen (zum Beispiel, wenn man ein Kind hat oder an einem Integrationskurs teilnimmt).

➪ Im Internet: https://www.jugendfreiwilligendienste.de

Einige Bundesländer haben besondere Programme für Geflüchtete und Asylbewerber.

3 Ehrenamt und Freiwilligendienst

Engagement, das sich auszahlt

Bundesfreiwilligendienst

- ➪ Am Bundesfreiwilligendienst können auch ältere Menschen teilnehmen.
- ➪ Freiwillige können auch in Teilzeit aktiv sein.
- ➪ Im Internet: https://www.bundesfreiwilligendienst.de

Engagement
- Dienst an der Gesellschaft
- Menschen helfen
- etwas Gutes tun
- sich einbringen, mitwirken und gestalten können

Persönliche Entwicklung
- sinnvolle Freizeitbeschäftigung
- Spaß haben
- mit anderen zusammen etwas bewegen und erleben
- Anerkennung bekommen
- erfolgreich sein

Das Ehrenamt

Berufsorientierung
- mögliche Berufsfelder kennenlernen
- praktische Erfahrungen in einem Berufsfeld sammeln
- Kompetenzen für den Beruf erwerben (z. B. Teamarbeit, Verantwortungsbewusstsein, eigenständiges Arbeiten)
- Pluspunkte für die Bewerbung erwerben
- wichtige Kontakte knüpfen

Übersetzungshilfe – Translation guide – Aide à la traduction - دليل الترجمة – راهنماي ترجمه

das Ehrenamt	volunteering	le poste occupé bénévolement	وظيفة متطوعة	كار داوطلبانه
der Freiwilligendienst	voluntary service	les services rendus sur une base bénévole	خدمة متطوعة	خدمت داوطلبانه
das Freiwillige Soziale Jahr (FSJ)	voluntary social year	l'année civique	خدمة متطوعة لمدة سنة في قطاع الشؤون الاجتماعية	برنامه خدمات اجتماعى داوطلبانه
das Freiwillige Ökologische Jahr (FÖJ)	voluntary ecological year	l'année écologie bénévole	خدمة متطوعة لمدة سنة في قطاع البيئة	برنامه خدمات زيست محيطى داوطلبانه
die Rente	pension	la retraite	تقاعد	مقررى
die Sozialversicherung	social security	la Sécurité sociale	ضمان اجتماعي	بيمه تامين اجتماعى
die Stellensuche	job-hunting	la recherche d'emploi	بحث عن وظيفة	جستجوى فرصت شغلى

4 Praktikum

Den Beruf kennenlernen

In einem Praktikum bekommt man einen ersten Eindruck von einem Beruf oder einem Unternehmen. Dabei lernt man ein Arbeitsfeld kennen. Ein Praktikum ist eine gute Gelegenheit, sich beruflich zu orientieren. Besonders sinnvoll ist ein Praktikum während der Arbeitssuche. Gerade wenn man neu in einem Land ist, kann ein Praktikum eine Tür in die Berufswelt öffnen.

Für wen eignet sich ein Praktikum?

Ein Praktikum eignet sich für viele Menschen:

- für Schüler, zum Beispiel in den Ferien, bevor sie sich um einen Ausbildungsplatz bewerben,
- für Studierende, die praktische Erfahrungen sammeln wollen,
- für Erwachsene, die sich beruflich orientieren oder umsteigen möchten.

In manchen Studiengängen oder Ausbildungen sind Praktika vorgeschrieben. Sie sind Pflicht.

Was mache ich in einem Praktikum und was bringt es mir?

- Die Ziele des Praktikums legen Praktikant und Unternehmen gemeinsam fest. Wichtig ist es, dass Praktikanten etwas lernen und kleine eigene Aufgaben übernehmen dürfen. Natürlich kann es auch sein, dass man im Praktikum auch einfache Arbeiten erledigen muss. Doch Praktikanten sollen keine Hilfs-Arbeiter sein. Am besten regelt man die Aufgaben und die Arbeitszeiten in einem Praktikumsvertrag. Praktikanten sammeln wertvolle praktische Erfahrungen. Und sie knüpfen Kontakte. Diese Kontakte können bei der Bewerbung wichtig werden.

Wie lange dauert ein Praktikum?

- Die Dauer eines Praktikums ist nicht festgelegt. Ein Praktikum für Schüler kann zwei oder drei Wochen dauern. Ansonsten macht es Sinn, dass das Praktikum mindestens einen Monat umfasst. Auch acht Wochen bis zu einem halben Jahr sind nicht selten.

Bekomme ich Geld für ein Praktikum?

- Das kommt darauf an. Unter bestimmten Umständen haben Praktikanten Anspruch auf den gesetzlichen Mindestlohn (9,50 Euro pro Stunde, Stand: 2021):
  - wenn das Praktikum nicht Pflicht im Rahmen eines Studiums, der Schulausbildung oder einer Ausbildung ist,
  - wenn das Praktikum länger als drei Monate dauert,
  - wenn der Praktikant volljährig (mindestens 18 Jahre alt) ist oder einen Berufsabschluss hat.

Hier kann man prüfen, ob Anspruch auf den Mindestlohn besteht: https://www.bmas.de/DE/Themen/Arbeitsrecht/Mindestlohn/mindestlohn-praktikum.html.

4 Praktikum

Den Beruf kennenlernen

Was steht im Praktikumszeugnis?

Wer ein Praktikum macht, sollte vereinbaren, dass er ein Zeugnis bekommt. Darin sollte Folgendes stehen:

- Wann war das Praktikum?
- Was waren die Aufgaben?
- Wie hat der Praktikant die Aufgaben erfüllt?

Das Zeugnis ist Teil der nächsten Bewerbung.

Wo finde ich ein Praktikum?

⇨ Manchmal sind Praktikumsstellen ausgeschrieben. Doch am besten bewirbt man sich direkt bei Unternehmen oder in Einrichtungen, die einem gefallen.

Ein Praktikum sorgt dafür, Berufe kennenzulernen und Kontakte zu knüpfen. Manchmal sind Praktika bezahlt. Zum Abschluss gibt es eine Beurteilung.

Ein Praktikum ist immer ein Gewinn

- für Schüler und Schülerinnen, die in Berufe hineinschnuppern wollen;
- für Studentierende, die praktische Erfahrungen sammeln wollen;
- für Erwachsene, die sich beruflich neu orientieren wollen.

Praxiserfahrungen sind in Bewerbungen ein großer Pluspunkt.

Übersetzungshilfe – Translation guide – Aide à la traduction – دليل الترجمة – راهنماي ترجمه

die Arbeitssuche	job-hunting	la recherche d'emploi	بحث عن العمل	جستجوی کار
die Berufswelt	world of work	le monde du travail	عالم العمل	دنیای کار
die berufliche Orientierung	professional orientation	l'orientation professionnelle	توجه مهني	وضعیت سنجی شغلی
der gesetzliche Mindestlohn	statutory minimum wage	le salaire minimum officiel	الأجر القانوني الأدنى	حداقل حقوق قانونی
Kontakte knüpfen	making contacts	la prise de contacts	ربط خيوط الاتصال	ایجاد ارتباط
die praktische Erfahrung	practical experience	l'expérience pratique	خبرة تطبيقية	تجربه عملی
das Praktikum	work placement	le stage	فترة تدريب عملي	آموزش عملی

5 Jobs

Stelle ist nicht gleich Stelle

In Deutschland gibt es ganz verschiedene Arten von Jobs. Für manche braucht man eine hohe Qualifikation, zum Beispiel ein Studium. Für andere reicht eine kurze Ausbildung. Es gibt aber auch Jobs für Hilfskräfte, die keine Ausbildung haben.

Der 450-Euro-Job

⇨ Einen 450-Euro-Job nennt man auch Minijob. Es ist also keine volle Stelle. Bei einem 450-Euro-Job verdient man höchstens 450,00 Euro im Monat. Das heißt: Im Jahr darf man höchstens 5.400,00 Euro bekommen. Minijobs gibt es in vielen Berufen. Von einem 450-Euro-Job kann man jedoch nicht leben. Manche Studierende haben neben dem Studium einen 450-Euro-Job. Oder Mütter/Väter mit kleinen Kindern. Hat man nur einen Minijob, so zahlt man hierfür keine Steuern. Ein einziger Minijob neben einer Berufstätigkeit ist auch steuerfrei. Minijobber haben keine Krankenversicherung über den Arbeitgeber. Ein Minijob ist kein Ersatz für eine normale Stelle.

Arbeit als Aushilfe

⇨ Eine Tätigkeit als Aushilfe ist in der Regel nicht dauerhaft. Man hilft aus. Meistens braucht man für diese Jobs keine bestimmte Ausbildung. Man nennt es auch „Jobben“: zum Beispiel in der Gastronomie oder im Lager. Manchmal werden auch Aushilfen eingestellt, wenn es Engpässe gibt: in Geschäften vor Weihnachten beispielsweise oder wenn ein Unternehmen einen großen Auftrag hat. Auch Studierende arbeiten gerne als Aushilfe, um sich etwas hinzuzuverdienen. Manche Aushilfsjobs sind 450-Euro-Jobs.

Ein-Euro-Jobs

⇨ Ein-Euro-Jobs sind sogenannte Arbeitsgelegenheiten, die der Staat fördert. Ausschließlich Menschen, die Arbeitslosengeld II empfangen, können einen Ein-Euro-Job bekommen. Sie sollen durch den Job wieder in den Arbeitsmarkt finden. Für diese Jobs bekommen die Ein-Euro-Jobber zusätzlich zum Arbeitslosengeld pro Arbeitsstunde zwischen 1,00 und 2,00 Euro bezahlt. Daher kommt der Name Ein-Euro-Job. Die Tätigkeiten dürfen keine echten Stellen ersetzen. Vielmehr sind es zusätzliche Arbeiten. Sie kommen der Gesellschaft zugute. Beispiele sind: die Pflege von Parks oder der Bau eines Spielplatzes.

Tipp: Aushilfsjobs und Minijobs sind nur eine vorübergehende Lösung. Langfristig sollte eine richtige Stelle das Ziel sein. Viele denken, dass ein Minijob eine Brücke zu einem Vertrag als Angestellter ist. Doch das ist selten der Fall. Minijobs und Aushilfsarbeiten führen im Berufsleben oft nicht weiter.

5 Jobs

Stelle ist nicht gleich Stelle

Neben festen Stellen gibt es auch Aushilfstätigkeiten oder stundenweise Jobs. Ein Beispiel hierfür sind die sogenannten 450-Euro-Jobs. Studierende haben oft einen Minijob neben dem Studium. Außerdem gibt es Aushilfen, die nur einige Stunden in der Woche arbeiten oder in bestimmten Zeiträumen, beispielsweise am Wochenende oder im Weihnachtsgeschäft. Von diesen Jobs kann man in der Regel nicht leben. Langfristig sollte man eine feste Stelle als Ziel haben.

Übersetzungshilfe – Translation guide – Aide à la traduction – دليل الترجمة – راهنماي ترجمه

der Arbeitsmarkt	job market	le marché du travail	سوق العمل	بازار کار
die Aushilfe	temporary worker	l'aide temporaire (personne)	عامل مؤقت	نیروی کار موقت
der Ein-Euro-Job	job paying low hourly wage on top of benefit payments	le „job à un euro"	عمل مقابل يورو واحد للساعة	کار-یک-یورویی
der Minijob	job paying less than 450 euros a month	le mini-job	عمل صغير	کار کوچک
die Steuer	tax	les impôts	ضريبة	مالیات

5 Jobs

Stelle ist nicht gleich Stelle

In Deutschland kann man mehrere Schulabschlüsse machen: den Hauptschulabschluss, den Realschulabschluss, das Abitur zum Beispiel. Nach der Schule kann man entweder eine Ausbildung machen. Oder man studiert. Für alle Schul- und Berufsabschlüsse gibt es passende Stellen.

Arbeiter und Facharbeiter

➪ Früher verstand man unter Arbeitern Menschen, die vor allem körperlich arbeiten: Bauarbeiter oder Lagerarbeiter beispielsweise. Manche Arbeiter sind ungelernt: Sie haben keine Ausbildung abgeschlossen. Anders ist das bei den Facharbeitern. Facharbeiter sind Fachkräfte. Sie haben eine Ausbildung beendet – oft in gewerblichen oder technischen Berufen. Nach der bestandenen Prüfung übernehmen sie höherwertige Aufgaben. Facharbeiter sind in Deutschland sehr gefragt. Sie verdienen mehr als Arbeiter.

Fachkräfte

➪ Eine Fachkraft hat eine Ausbildung abgeschlossen: Es kann eine gewerbliche, eine technische, eine kaufmännische, eine medizinische oder eine andere Ausbildung sein. Oft bezeichnet man auch Menschen, die ein Studium absolviert haben, als Fachkräfte. Es heißt: In Deutschland herrsche Fachkräftemangel. Ungelernte haben es eher schwer, eine Stelle zu finden. Fachkräfte werden jedoch gesucht.

Führungskräfte

➪ Eine Führungskraft ist eine Person, die eine leitende Position in einem Unternehmen oder einer Einrichtung hat. Viele Führungskräfte sind verantwortlich für das Personal im Unternehmen. Oder sie leiten einen bestimmten Bereich in einem Unternehmen, zum Beispiel als Abteilungsleiter. Führungskräfte haben viele Pflichten, eine hohe Verantwortung und werden besser bezahlt.

Tipp: Man kann sich in einem Unternehmen „hocharbeiten“. Das heißt: Wenn man sich auf einer Stelle bewährt (also sehr gut ist), kann man sich auf eine andere, besser bezahlte Stelle im gleichen Unternehmen bewerben. So kann man von der Fachkraft zur Führungskraft aufsteigen.

5 Jobs

Stelle ist nicht gleich Stelle

Etwa die Hälfte aller Erwerbstätiger hat eine Berufsausbildung

Bevölkerung nach höchstem beruflichen Bildungsabschluss und Altersgruppen 2019
in % der jeweiligen Altergruppe

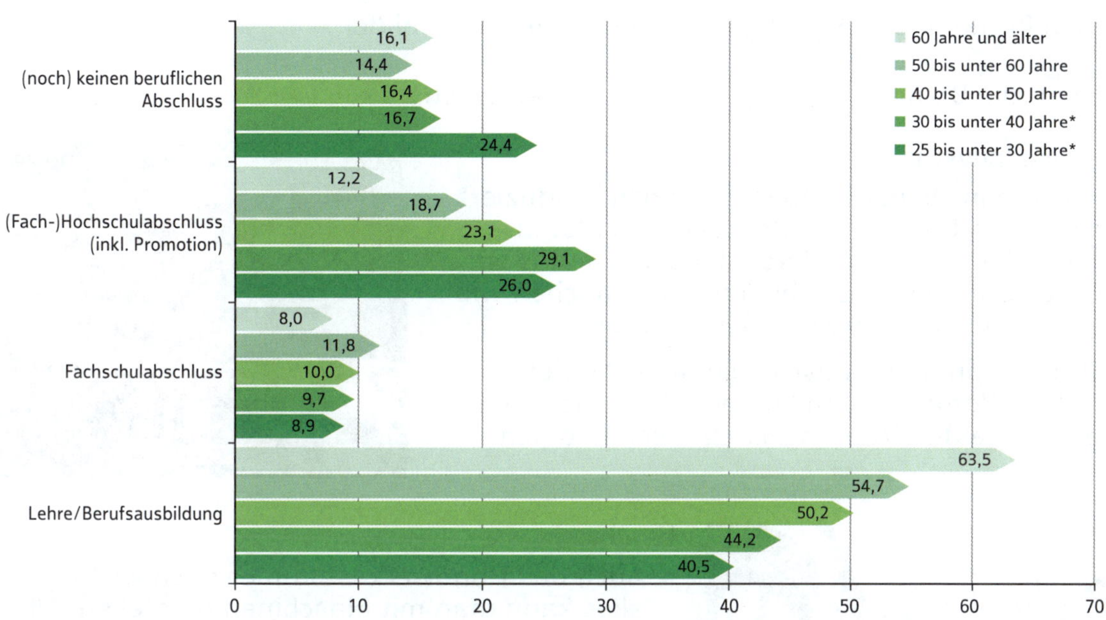

Quelle: vgl. http://www.sozialpolitik-aktuell.de/files/sozialpolitik-aktuell/_Politikfelder/Arbeitsmarkt/Datensammlung/PDF-Dateien/abbIV44.pdf

Viele Berufe – viele Bezeichnungen

- **Arbeiter:** früher vor allem Menschen, die körperlich arbeiten (manchmal ohne Ausbildung)
- **Facharbeiter:** Arbeiter mit einer abgeschlossenen Ausbildung (oft im gewerblich-technischen Bereich)
- **Fachkräfte:** Menschen mit einer abgeschlossenen Ausbildung oder einem abgeschlossenen Studium
- **Führungskräfte:** Menschen in leitender Position/leitende Angestellte (mit Personalverantwortung)

In viele Positionen kann man sich hocharbeiten, zum Beispiel von der Fachkraft zur Führungskraft. Lebenslanges Lernen ist dabei wichtig.

Übersetzungshilfe – Translation guide – Aide à la traduction - دليل الترجمة – راهنماي ترجمه

der Abteilungsleiter	head of department	le chef de service	رئيس قسم	مدير بخش
der Arbeiter	manual worker	l'ouvrier	عامل	کارگر
der Erwerbstätige	person in work	la personne active	الموظف	استخدام شده
der Fachkräftemangel	shortage of qualified employees	le manque de personnel qualifié	نقص في الموظفين المؤهلين	كمبود نيروى ماهر
hocharbeiten	to work your way up	grimper les échelons	ترقية بالعمل	ارتقاء شغلى
das Personal	staff	le personnel	العاملون	پرسنل
ungelernt	unskilled	sans qualification professionnelle	غير مؤهل	غير ماهر

6 Berufsfelder

Branchen in Deutschland

Die verschiedenen Bereiche der Wirtschaft heißen Branchen. Früher war Deutschland eine reine Industrienation. Der Bergbau und die Produktion von Gütern standen im Mittelpunkt. Heute ist Deutschland eine große Dienstleistungsgesellschaft. Doch es gibt viele Branchen mit sehr vielen verschiedenen Berufen. Und ständig entstehen neue Berufsbilder.

Grob kann man die Branchen in folgende Bereiche einteilen:

Produktion und Industrie

- Natürlich wird in Deutschland immer noch produziert – viel sogar. Ein Großteil der Produktion findet in großen Fabriken statt. Die Herstellung von Autos ist ein Beispiel. Zur Industrie zählen große Branchen wie die Energiewirtschaft oder das Baugewerbe.
- In der Produktion und Industrie gibt es sehr viele verschiedene Berufe. In den letzten Jahren steigt der Anteil an Fachleuten für Informationstechnologien enorm.

Handwerk

- Auch das Handwerk ist immer noch wichtig. Nicht alles kann man mit Maschinen herstellen. Oft braucht man die menschliche Hand: zum Beispiel, um Autos oder Geräte zu reparieren. Oder um ein Haus zu bauen und einzurichten.
- Berufe in diesem Bereich sind zum Beispiel
  - Mechaniker/-in, Techniker/-in,
  - Monteur/-in,
  - Tischler/-in,
  - Schneider/-in.

Dienstleistungen

- Dienstleistung ist ein Oberbegriff. Darunter fallen ganz viele verschiedene Berufsfelder. Banken und Versicherungen, Medizin und Pflege, Gastgewerbe und Verkehr: Das sind nur einige Beispiele für Dienstleistungen. Viele Menschen arbeiten angestellt, unter anderem in öffentlichen Einrichtungen oder in Unternehmen. Andere sind freiberuflich tätig, zum Beispiel Ärzte/Ärztinnen, Architekten/Architektinnen oder Anwälte/Anwältinnen.

Handel

- Was produziert wird, wollen die Firmen verkaufen. Das nennt man Handel. Darunter fällt der Großhandel: Das ist der Verkauf an andere Unternehmen. Geschäfte in der Fußgängerzone nennt man Einzelhandel. Außerdem gibt es den Handel im Internet: den Onlinehandel. Der Handel zählt auch zu den Dienstleistungen.

6 Berufsfelder

Branchen in Deutschland

Wo arbeiten die meisten Menschen?

➪ Rund 75 Prozent der Menschen in Deutschland arbeiten im Dienstleistungsbereich. Pflege, Gesundheit, Betreuung und Logistik zählen zu den Branchen, die wachsen. Zu Deutschlands größten Arbeitgebern gehören zudem mehrere Handelsketten und Supermärkte (Rewe, Lidl, Edeka). Aber auch die Deutsche Post/DHL, die Deutsche Bahn, mehrere Autokonzerne und große Technikunternehmen wie Siemens beschäftigen sehr viele Menschen. Und im Öffentlichen Dienst (also beim Staat) finden ebenfalls viele Menschen eine Arbeit.

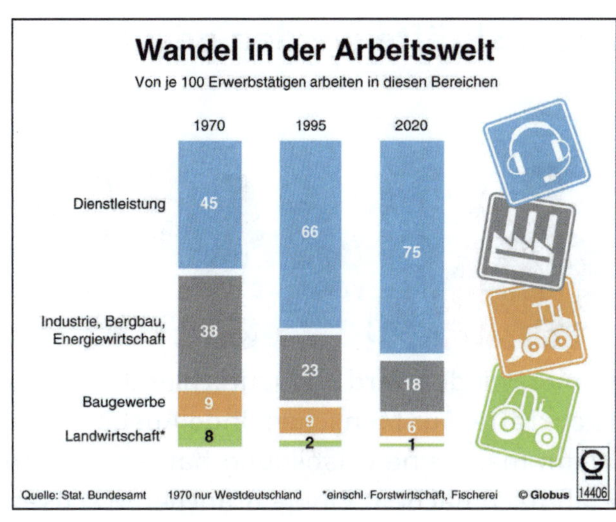

Arbeiten im Dienstleistungssektor

Die meisten Menschen in Deutschland arbeiten im Dienstleistungssektor. Zu den Dienstleistungen zählen ganz verschiedene Bereiche. Zum Beispiel:

Übersetzungshilfe – Translation guide – Aide à la traduction - دليل الترجمة - راهنماي ترجمه

der Arbeitgeber	employer	l'employeur	صاحب العمل	کارفرما
die Branche	sector	le secteur	قطاع	بخش
die Dienstleistung	services	la prestation de services	خدمة	خدمات
der Einzelhandel	retail trade	le commerce de détail	تجارة بالتجزئة	خرده فروشی
freiberuflich	freelance	à son compte, indépendant	عامل مستقل	خود شاغل
der Großhandel	wholesale trade	le commerce en gros	تجارة بالجملة	عمده فروشی
der Handel	commerce	le commerce	تجارة	بازرگانی
die Industrienation	industrial nation	la nation industrielle	دولة صناعية	ملت صنعتی

6 Berufsfelder

Arbeitskräfte werden gesucht

Immer wieder wird in Deutschland von Fachkräftemangel gesprochen. Viele Branchen suchen Fachkräfte. Für Menschen ohne Ausbildung ist es hingegen weit schwieriger, eine Stelle zu finden. Wenn man keine Ausbildung hat, sollte man diese daher nachholen. Auch Schulabschlüsse kann man nachmachen. Einige Branchen wachsen, andere Branchen schrumpfen. Zudem gibt es Branchen, in denen sehr gute Deutschkenntnisse wichtig sind. Insgesamt gilt: Gute Deutschkenntnisse erleichtern den Einstieg in den Arbeitsmarkt.

Wo fehlt Personal?

➪ Laut Bundesagentur für Arbeit gab es im März 2020 die meisten freien Stellen in folgenden Berufen:

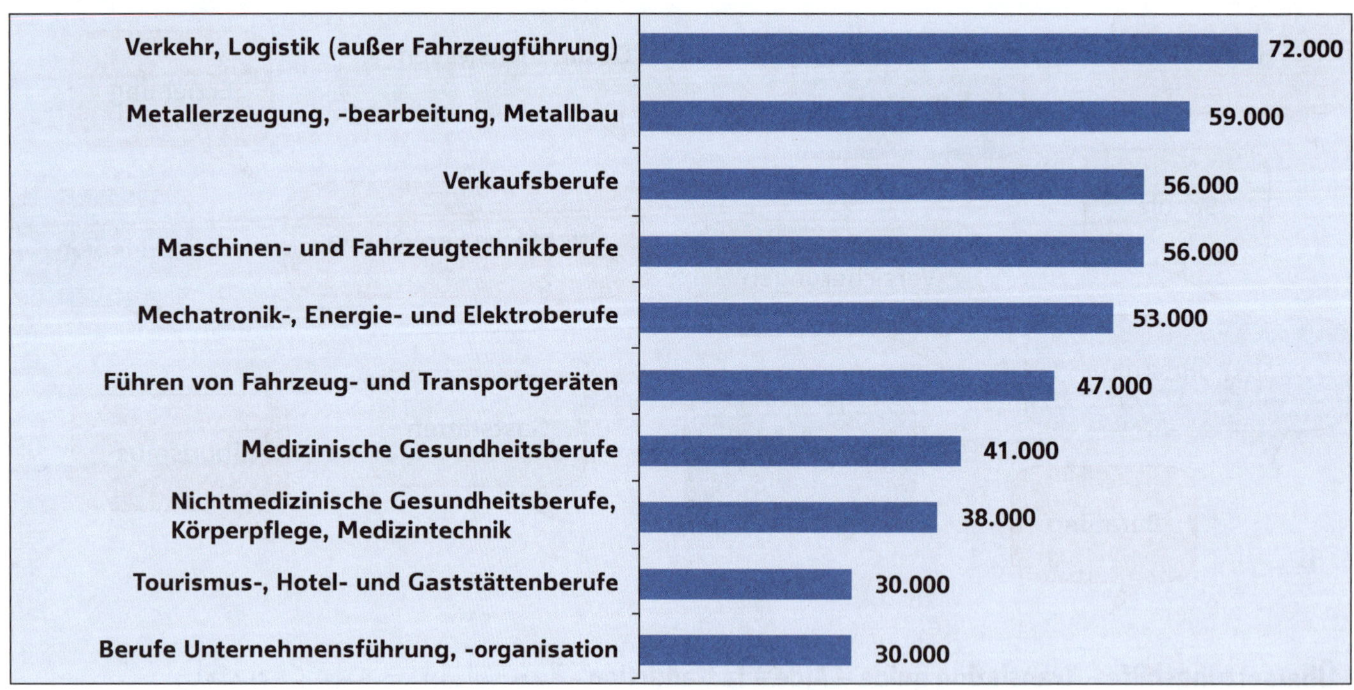

Datenquelle: vgl. Bundesagentur für Arbeit (Hrsg.): Gemeldete Stellen im März 2020 – Top Ten der Berufe.

Wo haben Menschen, die neu in Deutschland sind, gute Berufschancen?

➪ Die Chancen auf dem Arbeitsmarkt hängen von der Qualifikation ab. Unter Qualifikation versteht man den erlernten Beruf (Ausbildung oder Studium) sowie die Berufserfahrung und Weiterbildungen. Auch Sprachkenntnisse sind entscheidend. Mit einer hohen Qualifikation ist es einfacher, auf dem Arbeitsmarkt eine Stelle zu finden.

➪ Viele Menschen, die aus anderen Ländern nach Deutschland kommen, fanden bisher in Hotels oder Gaststätten eine Stelle. Wie sich das nach der Coronakrise entwickelt, weiß jedoch niemand. Auch bei Sicherheits- und Wachdiensten wird Personal benötigt.

6 Berufsfelder

Arbeitskräfte werden gesucht

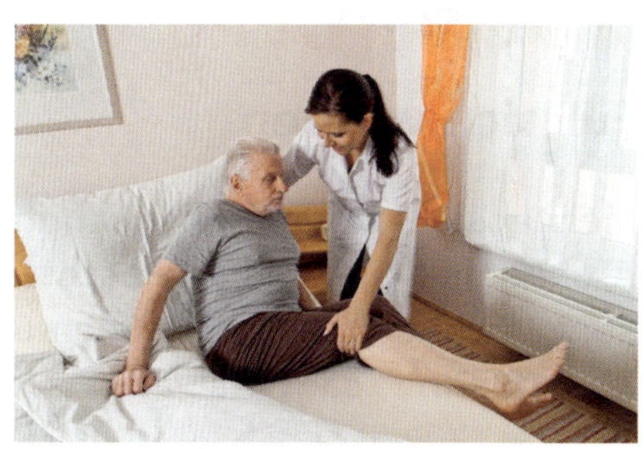

⇨ Doch es gibt weitere Berufe, in denen Personal fehlt. Das sind zum einen handwerkliche oder technische Berufe, zum anderen Berufe in der Pflege und im Sozialwesen oder im Bereich Logistik (Verkehr). Wenn man dort nicht direkt einsteigen kann, lohnt sich eine Ausbildung in diesen Bereichen.

Tipp: Viele Unternehmen bieten Projekte an, die Menschen aus anderen Ländern in den Arbeitsmarkt bringen sollen. Manche werden auch von der Arbeitsagentur gefördert. Die Arbeitsagentur hilft, solche Projekte zu finden.

Eine Ausbildung zu machen, lohnt sich immer. Denn eines zeigt sich: Wenn Arbeitskräfte gesucht werden, werden Fachkräfte gesucht. Ohne Ausbildung oder Studium sinken die Chancen, eine gute Stelle zu finden. Bis 2020 hatte Deutschland einen Mangel an Fachkräften. Besonders gesucht waren Fachkräfte im Verkauf, im Gesundheitswesen, in der Logistik und in den Bereichen Energie und Elektronik. Wie sich die Coronakrise auswirkt, kann man noch nicht abschätzen.

Übersetzungshilfe – Translation guide – Aide à la traduction - دليل الترجمة – راهنماي ترجمه

die Arbeitskraft	staff	la main d'oeuvre	إيد عاملة	نیروی کار
der Arbeitsmarkt	job market	le marché du travail	سوق العمل	بازار کار
die Berufschance	job prospects	le débouché professionnel	فرصة العمل	فرصت کاری
die Berufserfahrung	work experience	l'expérience professionnelle	خبرة فنية	تجربه کاری
das Sozialwesen	social services	les services sociaux	قطاع الشؤون الاجتماعية	خدمات اجتماعی
die Weiterbildung	continuing education	la formation continue	تطوير مهني	آموزش تکمیلی

7 Bewerbung

Für sich werben

Meistens bewirbt man sich schriftlich um eine Ausbildung oder eine Arbeitsstelle. Entweder hat der Arbeitgeber eine Stellenausschreibung veröffentlicht. Oder man bewirbt sich blind. Das heißt: Man sucht sich interessante Firmen und bewirbt sich dort, ohne dass eine Stelle ausgeschrieben ist. (Statt „Firma“ sagt man auch „Unternehmen“ oder „Betrieb“.)

Worauf muss ich beim Schreiben einer Bewerbung achten?

- Arbeitgeber erwarten bestimmte Standards bei einer Bewerbung. So schreibt man eine Bewerbung nicht mit der Hand, sondern auf dem Computer oder auf der Schreibmaschine. Man nimmt weißes DIN-A4-Papier. Alle Unterlagen kommen in eine stabile Mappe. Denn eine Bewerbung wird nicht geknickt.
- Immer häufiger wünschen Firmen Online-Bewerbungen. Entweder gibt es dafür ein Online-Formular. Oder man muss per E-Mail eine Bewerbung abschicken.

Darf man einen Arbeitgeber anrufen?

- Darüber gibt es verschiedene Meinungen. Was klar ist: Steht in einer Ausschreibung eine Telefonnummer, kann man in jedem Fall anrufen. Das Gleiche gilt auch, wenn man sich ohne Ausschreibung bewerben möchte. Dann kann ein Telefongespräch schon Neugier wecken. Auf dieses Telefongespräch kann man sich dann in der Bewerbung beziehen.

Was gehört in eine Bewerbung?

- Eine Bewerbung besteht in der Regel aus
  - Anschreiben (Brief),
  - Lebenslauf (meistens mit Foto),
  - Anlagen (Zeugnisse und andere Unterlagen).

Was muss im Anschreiben stehen?

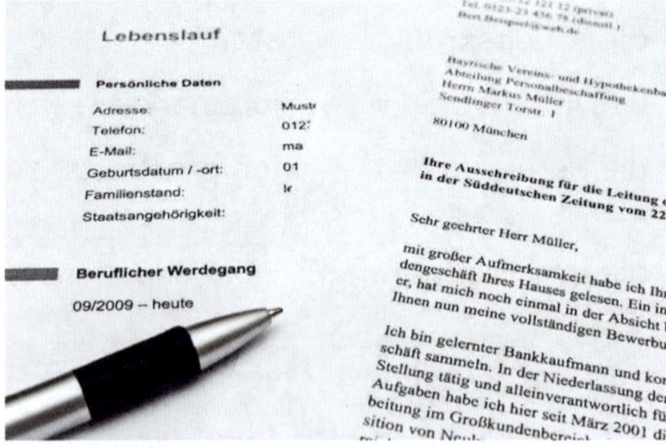

- Ein Chef oder eine Chefin möchte auf den ersten Blick sehen, ob ein Bewerber geeignet ist oder nicht. Daher ist das Anschreiben sehr wichtig.

  Ein Anschreiben muss folgende Fragen beantworten:
  - Warum bewerbe ich mich gerade auf diese Stelle oder um diese Ausbildung?
  - Was interessiert mich an der Stelle oder der Ausbildung?
  - Was bringe ich mit (Qualifikationen, Erfahrungen, Persönliches)?
  - Warum bin ich der Richtige für diese Stelle oder diese Ausbildung?

> ***Tipp:*** Informationen zum Thema Bewerbung im Internet:
>
> https://www.make-it-in-germany.com/de/jobs/bewerbung/bewerbungsunterlagen
> https://www.bamf.de/SharedDocs/Anlagen/DE/Integration/WillkommenDeutschland/willkommen-in-deutschland.html

7 Bewerbung

Für sich werben

Wie ist ein Anschreiben gestaltet?

- ⇨ Mit einem Bewerbungsschreiben macht man Werbung für sich. Für diesen Brief gibt es Vorgaben. Der Brief sollte nicht länger als eine Seite sein. Er muss die eigene Adresse und die Adresse der Firma enthalten. Ein Betreff, das Datum sowie eine Anrede und ein Gruß dürfen ebenfalls nicht fehlen. Der Betreff könnte heißen „Bewerbung um einen Ausbildungsplatz zum Installateur".
- ⇨ Informationen zum Aufbau eines Anschreibens findet man im Internet: https://www.arbeitsagentur.de/erfolgreich-bewerben/bewerbung-schreiben.

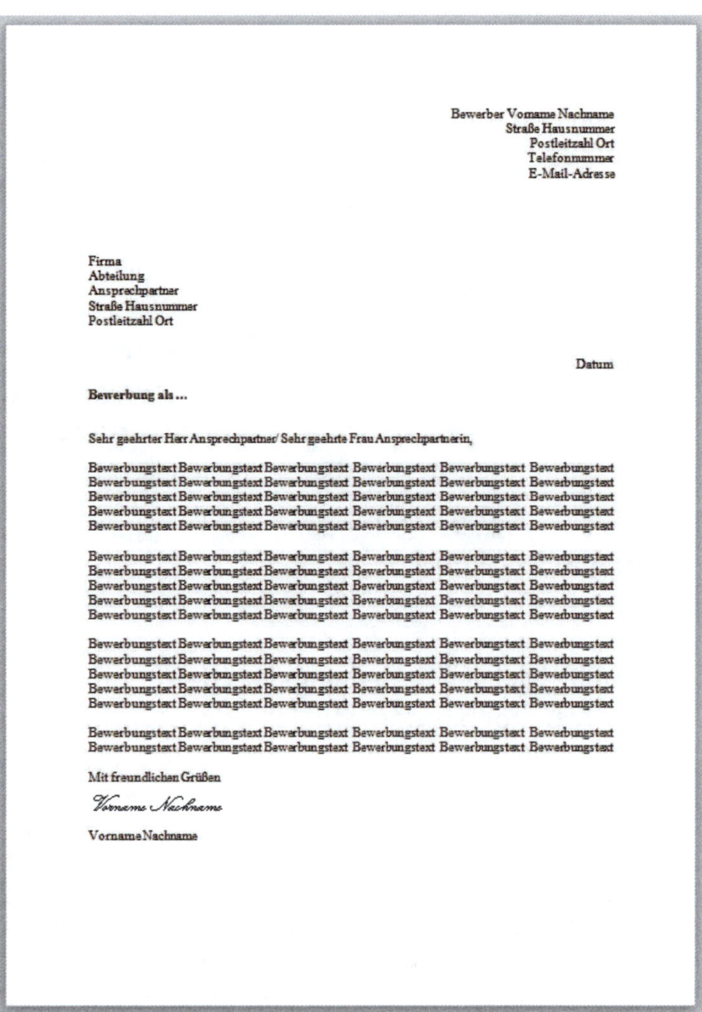

Bewerber Vorname Nachname
Straße Hausnummer
Postleitzahl Ort
Telefonmmmer
E-Mail-Adresse

Firma
Abteilung
Ansprechpartner
Straße Hausnummer
Postleitzahl Ort

Datum

Bewerbung als ...

Sehr geehrter Herr Ansprechpartner/ Sehr geehrte Frau Ansprechpartnerin,

Bewerbungstext Bewerbungstext

Bewerbungstext Bewerbungstext

Bewerbungstext Bewerbungstext

Bewerbungstext Bewerbungstext Bewerbungstext Bewerbungstext Bewerbungstext Bewerbungstext Bewerbungstext Bewerbungstext Bewerbungstext Bewerbungstext Bewerbungstext Bewerbungstext

Mit freundlichen Grüßen

Vorname Nachname

Vorname Nachname

Bei einer Bewerbung zählt der erste Eindruck:

- Sind Anschreiben und Lebenslauf ordentlich und getippt?
- Sind die Unterlagen vollständig?
- Ist das Foto professionell (kein Smartphonefoto)?
- Ist die Bewerbung auf die Ausschreibung zugeschnitten (kein Serienbrief)?
- Enthält die Bewerbung keine Fehler?

Auf manche Stellen bewerben sich sehr viele Menschen. Daher ist es wichtig, sich Mühe mit der Bewerbung zu geben.

Übersetzungshilfe – Translation guide – Aide à la traduction – دليل الترجمة – راهنماي ترجمه

die Anlage	enclosure	l'annexe	مُرفَقة	پیوست
das Anschreiben	covering letter	la lettre de candidature	رسالة	نامه همراه
das Bewerbungsschreiben	letter of application	la lettre de motivation	رسالة التقدم إلى وظيفة	نامه درخواست
die Qualifikation	qualification	la qualification	التأهيل المهني	مهارت
der Lebenslauf	CV	le CV (le curriculum vitae)	سيرة ذاتية	رزومه
das Online-Formular	online form	le formulaire en ligne	استمارة في الانترنت	فرم آنلاین
die Stellenausschreibung	job advertisement	la publication d'une offre d'emploi	إعلان عن وظيفة	آگهی کار

7 Bewerbung

Für sich werben

Was ist ein Lebenslauf

- Der Lebenslauf listet alle wichtigen Stationen im Leben und Beruf auf. Er muss übersichtlich sein. Darüber hinaus ist oft ein Bewerbungsfoto üblich.
- Auch für den Lebenslauf gibt es Vorgaben. Meistens wird er als Tabelle gestaltet, in der die Daten in Stichworten aufgelistet werden.

Tipp: Auf den Internetseiten von Europass, einem Angebot der Europäischen Union, gibt es Musterformulare, mit denen man Entwürfe für Lebenslauf und Anschreiben erstellen kann:

https://europa.eu/europass/select-language?destination=/node/1

Checkliste Lebenslauf

- ✓ Bewerbungsfoto
- ✓ Name, Geburtsdatum, Geburtsort
- ✓ Adresse, Telefon, E-Mail
- ✓ Schulbildung, Schulabschluss
- ✓ Ausbildung/Studium
- ✓ Berufserfahrung
- ✓ Sprachen
- ✓ Computerkenntnisse
- ✓ sonstige Kenntnisse und Fähigkeiten
- ✓ ehrenamtliche Tätigkeiten

Was sollte ich beim Bewerbungsfoto beachten?

- Der Arbeitgeber darf offiziell kein Bewerbungsfoto verlangen. Es ist aber in vielen Firmen nach wie vor üblich.
- Das Foto sollte vom Fotografen gemacht werden. Ein Schnappschuss mit dem Smartphone taugt nicht. Ein Bewerbungsfoto ist etwas größer als ein Passfoto. Es sollte aktuell sein (nicht älter als ein Jahr). Das Foto sollte zur Stelle passen. Wer sich um eine Stelle im Gartenbau bewirbt, muss keinen Anzug tragen. Umgekehrt passt ein T-Shirt nicht zu einer Bankkauffrau. Mit schlichter Kleidung kann man nichts falsch machen.

- Das Bewerbungsfoto kommt in die rechte obere Ecke des Lebenslaufs.

Welche Anlagen dürfen nicht fehlen?

- Bei einer vollständigen Bewerbung erwartet der Arbeitgeber Zeugniskopien (Zeugnisse über Schulabschlüsse oder Studienabschlüsse sowie Ausbildungszeugnisse und Arbeitszeugnisse).

Wer hilft bei Bewerbungen?

- Eine Bewerbung zu schreiben ist gar nicht so einfach. Vor allem, wenn Deutsch nicht die Muttersprache ist, ist es gut, sich Hilfe zu suchen:
  - Bewerbungstrainings bei der Agentur für Arbeit: Hier lernen Stellensuchende alles rund um die Bewerbung.
  - Jugendmigrationsberatung – Beratung für junge Geflüchtete und Menschen mit Migrationshintergrund: https://www.jugendmigrationsdienst.de
  - Migrationsberatung – Beratung für ältere Geflüchtete und Menschen mit Migrationshintergrund: https://www.bamf.de/DE/Themen/Integration/integration_node.html
  - In allen größeren Städten gibt es Flüchtlingsberatungen sowie viele Menschen, die sich ehrenamtlich um Flüchtlinge kümmern. Sie unterstützen auch bei Bewerbungen.

7 Bewerbung

Für sich werben

Tipp: Eine Bewerbung sollte fehlerfrei sein. Daher sollte ein Muttersprachler die Unterlagen lesen und wenn nötig korrigieren.

Checkliste für Anschreiben und Lebenslauf

Anschreiben

- Betreff
- korrekte Anrede
- Warum spricht mich die Stelle/der Beruf an?
- Warum spricht mich das Unternehmen an?
- Was bringe ich für die Stelle/den Ausbildungsplatz mit? Warum bin ausgerechnet ich der/die Richtige?
- Grußformel und Unterschrift

Lebenslauf

- persönliche Daten wie Adresse, Telefonnummer, E-Mail, Geburtsdatum
- Information zur Schulausbildung
- Wenn vorhanden: Information zur Ausbildung oder zum Studium
- Wenn vorhanden: Information zu praktischen Tätigkeiten (Praktika, Berufserfahrung)
- Sprachkenntnisse
- Computer- und Internetkenntnisse
- sonstige Kenntnisse
- Information zu Ehrenamt oder Interessen

Übersetzungshilfe – Translation guide – Aide à la traduction - دليل الترجمة - راهنماي ترجمه

das Bewerbungsfoto	job application photo	la photo de candidature	صورة طلب التقدم إلى وظيفة	عکس فرم درخواست
das Bewerbungstraining	job application training	l'entraînement à la demande d'emploi	تدريب لتحضير طلب التقدم إلى الوظيفة	آموزش درخواست کار
die Kenntnis	knowledge, skill	les connaissances (en ...)	معرفة	آشنایی
die Migrationsberatung	immigrant advisory service	(le service de) consultation pour personnes issues de l'immigration	إرشاد للمهاجرين	مشاوره مهاجرت
das Musterformular	sample form	le formulaire normalisé	نموذج استمارة	فرم نمونه
der Stellensuchende	job seeker	le demandeur d'emploi	طالب وظيفة	جستجو کننده کار
das Stichwort	keyword	le mot-clé	كلمة رئيسية	کلید واژه
die Unterlagen	documents	le dossier (de candidature)	مستندات	مدارک

8 Vorstellungsgespräch

Sich persönlich vorstellen

„*... deshalb möchten wir Sie zu einem Vorstellungsgespräch einladen.*" Bekommt man einen Brief mit diesem Satz, ist die erste Hürde schon genommen. In einem Vorstellungsgespräch kann man sich mit dem Arbeitgeber unterhalten. Da immer mehrere Bewerber eingeladen werden, muss man sich von einer guten Seite präsentieren. Ein persönliches Gespräch ist eine Chance, den Arbeitgeber zu überzeugen.

Wie kann ich mich auf ein Vorstellungsgespräch vorbereiten?

➪ Der Arbeitgeber möchte die Bewerber, die er einlädt, gerne näher kennenlernen. Er wird einige Fragen stellen. Oft bittet er zunächst, dass der Bewerber etwas über sich erzählt. Das kann man vorher üben.
Ein paar Fragen kommen häufig vor:

- Warum haben Sie sich ausgerechnet bei uns beworben?
- Was interessiert Sie an der Stelle X oder der Ausbildung Y?
- Was sind Ihre Stärken? Was sind Ihre Schwächen?

➪ Was einen guten Eindruck macht: Bewerber, die interessiert sind. Daher ist es klug, sich ebenfalls Fragen zu überlegen. Diese darf man im Vorstellungsgespräch stellen. Das zeigt, dass man sich mit der Firma beschäftigt hat.

Was ziehe ich an?

➪ Das kommt ganz auf die jeweilige Stelle an. Ein Handwerker wird nicht im Anzug erwartet. Da ist eine ordentliche Jeans vollkommen in Ordnung. Jemand, der sich um eine Stelle als Pförtner in einem internationalen Hotel bewirbt, sollte sich seriöser kleiden. Eine Führungskraft zieht sich anders an als ein Schulabgänger, der einen Ausbildungsplatz sucht. Die Kleidung muss zur Position und zur Firma passen. Viele Firmen haben eine Webseite. Dort findet man oft Fotos mit Mitarbeitern. Da sieht man, welcher Stil dort üblich ist. Insgesamt gilt auch: Man muss sich in seiner Kleidung wohlfühlen.

Worauf muss ich an dem Tag sonst achten?

➪ Die Anfahrt sollte man vorher planen und sich genug Zeit nehmen. Beim Vorstellungsgespräch ist man lieber ein bisschen zu früh als zu spät.

➪ Bei größeren Firmen gibt es einen Empfang. Dort sagt man, dass man ein Bewerbungsgespräch hat und wie der Ansprechpartner heißt.

➪ Wenn man nicht sicher ist, wo genau man hingehen soll, ruhig noch mal nachfragen.

➪ Bevor man in den Raum geht, sollte man noch einmal überprüfen, ob das Smartphone ausgeschaltet ist.

8 Vorstellungsgespräch

Sich persönlich vorstellen

Gibt es typische Einleitungen zum Bewerbungsgespräch?

- Manchmal bietet der Gesprächspartner dem Bewerber etwas zu trinken an. Das sollte man ruhig annehmen. Das ist höflich.
- Ein wenig „Small Talk“ gehört dazu. Am Anfang wird oft geplaudert. Dabei ist es nicht so schlimm, wenn man noch nicht so gut Deutsch spricht. Wer lächelt und freundlich ist, gewinnt den anderen schnell für sich.

Phasen eines Vorstellungsgesprächs

Das Vorstellungsgespräch ist ein wichtiger Termin. Für den Bewerber und für den Arbeitgeber. Das Gespräch gliedert sich in verschiedene Phasen.

1. Phase: Begrüßung
2. Phase: Small Talk („Wie sind Sie hergekommen?“, „Es regnet ganz schön heute.“, „Hätten Sie gerne einen Kaffee oder einen Tee?“)
3. Phase: Das Unternehmen stellt sich vor.
4. Phase: Der Arbeitgeber möchte den Bewerber kennenlernen. Das heißt: Der Bewerber bekommt Gelegenheit, sich selbst vorzustellen.
5. Phase: Der Bewerber kann Fragen stellen.
6. Phase: Verabschiedung

Es ist hilfreich, ein Vorstellungsgespräch gut vorzubereiten. Eine Selbstpräsentation kann man zum Beispiel üben. Ebenso kann man sich Fragen an das Unternehmen überlegen.

Übersetzungshilfe – Translation guide – Aide à la traduction - دليل الترجمة – راهنماي ترجمه

der Ansprechpartner	contact person	l’interlocuteur	الشخص الذي يمكن الاتصال به	شخص تماس
das Bewerbungsgespräch	job interview	l’entretien de candidature	مقابلة التوظيف	مصاحبه کاری
der „Small Talk“	small talk	le small talk	محادثة صغيرة	«صحبت کوچک»
das Vorstellungsgespräch	interview	l’entretien d’embauche	مقابلة	مصاحبه

9 Agentur für Arbeit

Hilfe bei der Arbeitssuche finden

Die Bundesagentur für Arbeit ist eine große Einrichtung, die sich um Fragen rund um den Arbeitsmarkt kümmert. Die Zentrale ist in Nürnberg. In den meisten Orten gibt es Arbeitsagenturen oder Jobcenter. Die Agentur für Arbeit betreibt die Jobcenter mit den Kommunen.

Die Mitarbeiterinnen und Mitarbeiter sind für alle Bürgerinnen und Bürger da.

Welche Aufgaben hat die Agentur für Arbeit?

➭ Die Agentur für Arbeit ist ein Dienstleister für alle Menschen, die Arbeit suchen oder die sich beruflich orientieren möchten. Einige Beispiele:

- Die Arbeitsagentur vermittelt Ausbildungsstellen und Arbeitsstellen.
- Sie bietet eine große Jobbörse im Internet.
- Sie veranstaltet Bewerbungstrainings.
- Berufsberater/-innen beraten rund um Berufe.
- Stellensuchende finden im Berufsinformationszentrum (BIZ) viele Informationen.
- Auch wer ein eigenes Unternehmen gründen möchte, kann sich bei der Arbeitsagentur beraten lassen.
- Die Arbeitsagentur fördert die Berufsausbildung. Und sie fördert die berufliche Weiterbildung.
- Sie kümmert sich darum, dass Menschen mit Behinderung einen Arbeitsplatz finden.
- Zudem ist sie Ansprechpartnerin, wenn jemand arbeitslos ist. Über die Agentur für Arbeit bekommen Arbeitslose, die zuvor längere Zeit in Deutschland gearbeitet haben, ihr Arbeitslosengeld.

➭ Die Arbeitsagentur kümmert sich auch um Menschen, die nicht in Deutschland geboren sind. Sie berät Arbeitgeber, die gerne geflüchtete Menschen oder Menschen aus anderen Ländern einstellen wollen.

➭ Menschen, die nicht aus Deutschland sind, können sich beraten lassen: zu Praktika, Ausbildungen und Arbeitsstellen. Zudem finden sie Informationen zur Arbeitserlaubnis und zu Weiterbildungen.
Die Bundesagentur für Arbeit setzt sich auch dafür ein, dass Menschen aus anderen Ländern Deutsch lernen. Sie fördert Sprachkurse. Immer wieder führt sie auch besondere Projekte durch, damit Geflüchtete Arbeit finden.

➭ Wichtig ist es, ein persönliches Gespräch zu vereinbaren. Das geht telefonisch oder online.
Gemeinsam mit einem Berater oder einer Beraterin kann man herausfinden, wohin es beruflich gehen soll.

9 Agentur für Arbeit

Hilfe bei der Arbeitssuche finden

Tipp: Auf der Internetseite der Bundesagentur für Arbeit gibt es viele Informationen und Angebote speziell für Asylbewerber (auch in Englisch, Französisch und Arabisch):

https://www.arbeitsagentur.de → Privatpersonen → Arbeit und Beruf → Jobs und Praktika suchen

Die Agentur für Arbeit ist eine Behörde. Sie hat viele verschiedene Aufgaben. Sie ist für alle Menschen in Deutschland da, die Arbeit, Ausbildung oder Weiterbildung suchen. Auch Menschen, die neu in Deutschland sind, können sich dort beraten lassen. Berufsberater informieren rund um Berufe. Es gibt Beratung zu Deutschkursen oder zu Bewerbungen. Außerdem ist die Agentur für Arbeit zuständig, wenn jemand seine Arbeit verliert und arbeitslos ist.

Übersetzungshilfe – Translation guide – Aide à la traduction - دليل الترجمة – راهنماي ترجمه

die Agentur für Arbeit	employment and benefits agency	Pôle emploi	وكالة العمل	اداره كار
die Arbeitserlaubnis	work permit	le permis de travail	رخصة العمل	اجازه كار
der Arbeitsmarkt	job market	le marché du travail	سوق العمل	بازار كار
der Arbeitslose	unemployed person	le chômeur	عاطل عن العمل	بيكار
der Berufsberater	careers adviser	le conseiller d'orientation professionnelle	مستشار مهني	مشاور كارى
der Dienstleister	service provider	le prestataire de services	مقدم الخدمة	ارائه كننده خدمات

10 Jobbörsen

Stellen suchen – und finden

Es gibt freie Stellen. Etliche Branchen suchen Fachkräfte. Aber die Stellen muss man erst einmal finden.

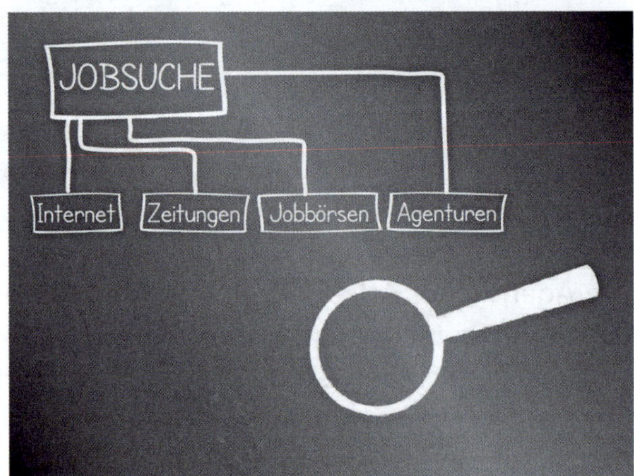

Wo werden freie Stellen ausgeschrieben?

- Immer noch lohnt sich der Blick in die örtliche Tageszeitung, Lokalzeitung genannt. Dort gibt es am Wochenende und oft auch mittwochs einen Anzeigenteil. Darunter befindet sich der Stellenteil mit offenen Stellen. Aushilfsstellen oder Stellen bei kleineren Unternehmen findet man oft auch in Anzeigenblättern. Das sind Wochenzeitungen, die kostenlos verteilt werden.
  Mit einem Studienabschluss oder einem sehr qualifizierten Beruf wird man häufig in überregionalen Zeitungen fündig. Einige Beispiele für bekannte überregionale Zeitungen: Frankfurter Allgemeine Zeitung, Süddeutsche Zeitung oder die Wochenzeitung „Die Zeit". In diesen Zeitungen stehen Angebote aus ganz Deutschland.
- Die meisten Stellenangebote findet man inzwischen im Internet. Viele Unternehmen bieten ihre Stellen nur noch in Online-Jobbörsen an. Das sind Jobbörsen im Internet. Große Firmen und Einrichtungen stellen ihre Jobangebote auch auf ihre eigene Webseite. Dort gibt es häufig einen Punkt, der heißt „Karriere". Dort findet man Informationen, wie und wo man sich bei dem Unternehmen bewerben kann. Außerdem stehen dort auch offene Stellen und Ausbildungsangebote.

Große Online-Jobbörsen

- Es gibt inzwischen sehr viele große Jobbörsen im Internet. Man kann dort nach Stellen in bestimmten Branchen suchen. Oder man kann Stellenangebote in der Region suchen, in der man lebt. Außerdem kann man dort meist selbst ein Bewerberprofil einstellen.

- **Jobbörse der Bundesagentur für Arbeit**

  https://www.jobboerse.arbeitsagentur.de

  In dieser Jobbörse sind die freien Stellen zu finden, die Unternehmen der Bundesagentur melden. Außerdem kann man sich auch eintragen, wenn man einen Ausbildungsplatz sucht.

10 Jobbörsen

Stellen suchen – und finden

⇨ **Weitere Jobbörsen im Internet**

- https://www.stepstone.de
- https://www.monster.de
- https://www.jobware.de
- https://www.jobs.de
- https://jobs.meinestadt.de
- https://workeer.de und https://www.jobs4refugees.org sind Jobbörsen, die sich speziell an Geflüchtete richten.

Tipp: Im Internetangebot der Bundesagentur für Arbeit gibt es eine Jobbörse mit vielen Jobangeboten. Das Angebot wird auch in Leichter Sprache erklärt:

https://www.arbeitsagentur.de/leichte-sprache/startseite

Offene Stellen werden oft ausgeschrieben. Stellenanzeigen findet man in lokalen und überregionalen Zeitungen. Und es gibt viele Jobbörsen im Internet, unter anderem auch von der Agentur für Arbeit. Außerdem haben große Firmen Karriereseiten auf ihren Homepages. Dort findet man offene Stellen und Informationen über Ausbildungsgänge im Unternehmen.

Übersetzungshilfe – Translation guide – Aide à la traduction – دليل الترجمة – راهنمای ترجمه

das Anzeigenblatt	advertiser	la rubrique offres d'emploi	جريدة للاعلانات	ضميمه آگهی ها
das Bewerberprofil	profile	le profil du candidat	مميزات المتقدم إلى وظيفة	پروفایل متقاضی
die Jobbörse/die Stellenbörse	job listings; employment website	la bourse d'emploi	قوائم الوظائف	بورس کار
die Karriere	career	la carrière	مهنة (المشوار المهني)	پیشرفت شغلی
die Stelle	job	l'emploi	عمل	کار
der Stellenmarkt	job market	le marché du travail	سوق العمل	بازار کار

11 Große Arbeitgeber

Arbeiten bei den Branchenführern

Man muss nicht darauf warten, dass ein Unternehmen eine Stelle ausschreibt. Gerade große Unternehmen suchen ständig neue Mitarbeiter. Diese Unternehmen kann man auch ohne Stellenausschreibung mit einer guten Bewerbung überzeugen. Außerdem sollte man sich auf den Webseiten dieser Firmen umsehen. Dort sind zum einen freie Stellen veröffentlicht. Zum anderen findet man Tipps für Blindbewerbungen. Das sind Bewerbungen, die man losschickt, ohne dass eine Stelle ausgeschrieben ist.

Welche großen Unternehmen haben zum Beispiel oft Bedarf an neuen Mitarbeitern?

➪ Siemens und Bosch: Siemens und Bosch sind internationale Konzerne für Technologien (Elektrotechnik, Automatisierung, Digitalisierung). Sie bieten ein großes Ausbildungsprogramm in technischen und kaufmännischen Berufen.

- https://new.siemens.com/global/de/unternehmen/jobs.html oder auf Englisch: https://new.siemens.com/global/en/company/jobs.html
- https://www.bosch.de/karriere oder auf Englisch: https://www.bosch.de/en/career

➪ Deutsche Post DHL Group: https://www.dpdhl.com/de/karriere.html Die Post ist ein großes Unternehmen rund um Kommunikation und Logistik. Stellen gibt es von Lager und Transport bis hin zum Management. Zudem gibt es ein vielfältiges Ausbildungsprogramm.

➪ Daimler Chrysler, Volkswagen, BMW und Ford sind große Automobilkonzerne in Deutschland mit Chancen für Einsteiger und Erfahrene.

- https://www.daimler.com/karriere
- https://www.volkswagen-karriere.de/html
- https://www.bmwgroup.com/de/karriere.html
- https://www.ford.de/ueber-ford/beruf-karriere

➪ Edeka und Rewe sind große Ketten im Lebensmittelhandel. Sie bieten Stellen in den Läden vor Ort sowie in der Zentrale.

- https://verbund.edeka/karriere
- https://karriere.rewe.de

➪ Metro ist ein großes Großhandelsunternehmen.

- https://www.metro.de/jobs-und-karriere

➪ Deutsche Bahn: Verkehrsunternehmen mit Berufschancen im Bordservice und Verkehrsservice, als Kraftfahrer/-in, Lokführer/-in, im Lager und in der Spedition:

- https://www.deutschebahn.com/de/arbeitgeber_db

11 Große Arbeitgeber

Weitere Möglichkeiten

Aber auch viele kleinere und mittlere Unternehmen sind offen für Menschen, die nicht in Deutschland geboren sind. Im Handwerk gibt es zum Beispiel viele Projekte, Geflüchtete in eine Ausbildung zu vermitteln:
https://www.zdh.de/fachbereiche/arbeitsmarkt-tarifpolitik/fachkraefteeinwanderung/integrationsprojekte-im-handwerk/?L=0

Tipp: Eine besondere Branche ist die Zeitarbeit: Zeitarbeitsfirmen vermitteln Personal an Unternehmen. Angestellt ist man bei der Zeitarbeitsfirma. Die Angestellten werden in wechselnden Unternehmen eingesetzt. Die Zeitarbeit ist ein häufiger Berufseinstieg für Menschen, die nicht in Deutschland geboren sind.

Zum einen kann man eine Stelle finden, indem man sich auf Stellenausschreibungen bewirbt. Zum anderen kann man sich blind bewerben (Blindbewerbung/Initiativbewerbung). Gerade große Unternehmen haben oft Bedarf an gut ausgebildeten Fachkräften – ohne dass sie eine Stellenausschreibung veröffentlichen.

Tipps:
- Bei einer Blindbewerbung reicht eine Kurzbewerbung: Anschreiben und Lebenslauf plus Foto.
- Eine Blindbewerbung muss ganz besonders auf das Unternehmen und die Wunschstelle zugeschnitten sein: keine Rundmail und kein Serienbrief. Man muss auf jeden Fall das Unternehmen gut kennen – Recherche ist alles!
- In einer Blindbewerbung muss man deutlich machen: Warum hat das Unternehmen gerade auf mich gewartet?

Übersetzungshilfe – Translation guide – Aide à la traduction – مترجم مصغر – دليل الترجمة ترجمه

die Blindbewerbung	unsolicited application	la candidature spontanée	تقدم متطوع إلى الوظيفة	درخواست کار داوطلبانه
die Recherche	research	la recherche	البحث	تحقیق
der Einsteiger	person with no previous experience	le débutant	وافد	تازه کار
der Erfahrene	person with previous experience	la personne expérimentée	صاحب خبرة	باتجربه
der Konzern	group, company	le groupe	مجموعة شركات	گروه
die Zeitarbeit	temporary work	l'intérim	عمل مؤقت	کار موقت

12 Behörden

Gänge zu Ämtern gehören dazu

INTEGRATION POINT

Die Ausländerbehörde

- Viele nennen die Ausländerbehörde auch Ausländeramt. Man findet die Ausländerbehörde oft im Rathaus. Die Ausländerbehörde ist zuständig für die Aufenthaltserlaubnis. Sie holt auch bei der Arbeitsagentur eine Arbeitserlaubnis ein. Darum muss man sich also nicht selbst kümmern.

Integration Point

- An vielen Orten arbeiten Arbeitsagentur und Jobcenter eng zusammen: Sie haben sogenannte Integration Points gegründet, eigens für Geflüchtete. Sie sind auch eine Schnittstelle zu anderen Behörden.

Das Sozialamt

- Das Sozialamt ist ebenfalls im Rathaus. Beim Sozialamt kann man Sozialhilfe beantragen. Das ist eine Unterstützung für Menschen, die nicht arbeiten können oder keine Arbeitserlaubnis haben. Diese Menschen haben keinen Anspruch auf Arbeitslosengeld. Stattdessen steht ihnen unter bestimmten Voraussetzungen Sozialhilfe (Sozialgeld) zu.

Finanzamt

Das Finanzamt

- Wer arbeitet, muss Steuern bezahlen. Mit den Steuern finanziert der Staat zum Beispiel Schulen oder Straßen. Jeder bekommt eine Steuernummer. Diese ist ganz wichtig. Ist man angestellt, führt der Arbeitgeber die Steuern ab. Ist man selbstständig, dann muss man seine Einkünfte selbst versteuern. Am Ende des Jahres macht man eine Einkommensteuererklärung. Je nach Adresse wird man einem Finanzamt zugeteilt. Unterstützung findet man zum Beispiel beim örtlichen Lohnsteuerverein. Auch Wohlfahrtsverbände helfen.

Akademisches Auslandsamt

- Menschen aus anderen Ländern können in Deutschland studieren. Doch müssen sie bestimmte Bedingungen erfüllen. Das sind die Zulassungsbedingungen. Das Akademische Auslandsamt findet man direkt an der Hochschule. Auch die Agentur für Arbeit berät über das Studium.

Tipp:

- Auch für die duale Berufsausbildung kann man manchmal etwas Geld vom Staat bekommen. Zum Beispiel um die Miete zahlen zu können. Dafür ist die Agentur für Arbeit zuständig (siehe Seite 42).
- Es ist nützlich, bei Gängen zu Behörden eine Person mitzunehmen, die übersetzen kann.

12 Behörden

Gänge zu Ämtern gehören dazu

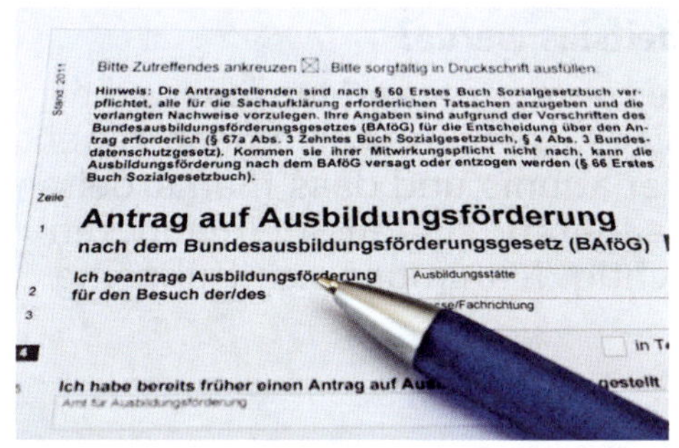

BAföG-Amt

➪ Manchmal bekommen Schüler/-innen und Studierende Geld vom Staat. Das heißt BAföG: Es ist eine finanzielle Förderung für die schulische Ausbildung und das Studium. Die BAföG-Zahlungen für Studierende laufen über das örtliche Studentenwerk. Wer eine schulische Ausbildung macht, beantragt das BAföG beim örtlichen Amt für Ausbildungsförderung.

Überblick über Behörden

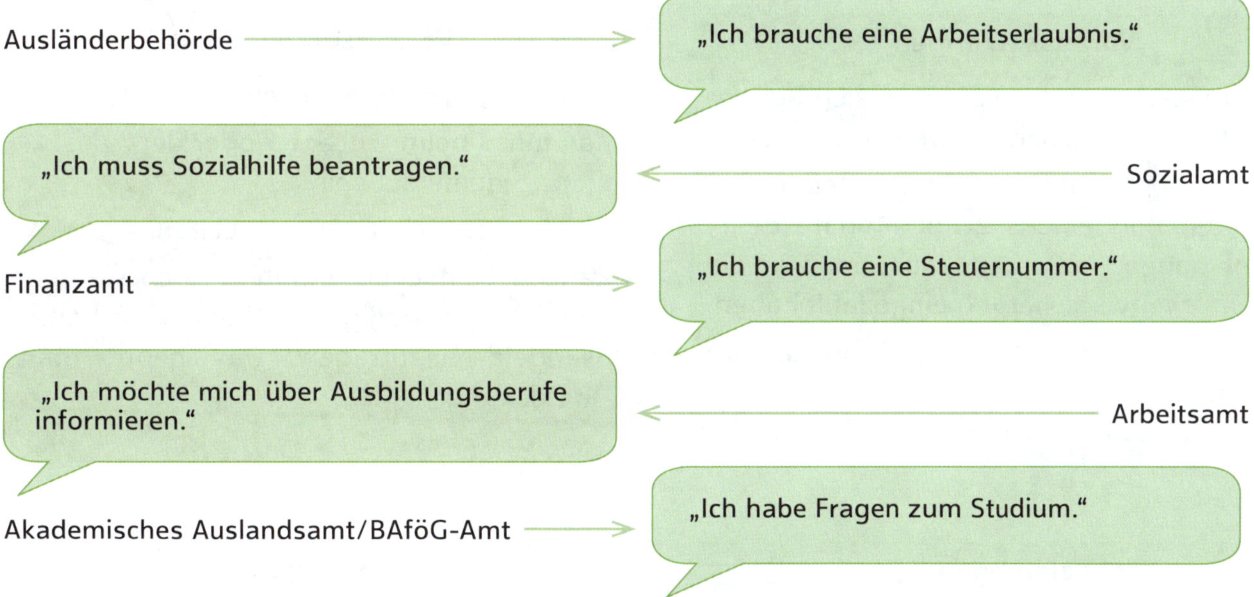

Übersetzungshilfe – Translation guide – Aide à la traduction – دليل الترجمة – راهنمای ترجمه

der Antragsteller	applicant	le demandeur	مقدّم الطلب	متقاضی
die Aufenthalts-erlaubnis	residence permit	le permis de séjour	تصريح الإقامة	اجازه اقامت
die Behörde	authority	l'administration	مصلحة	اداره
die Einkommens-steuererklärung	income tax return	la déclaration d'impôt sur le revenu	إقرار بالضريبة على الدخل	اظهاریه مالیات بر درآمد
das Rathaus	town hall	la mairie	دار البلدية	شهرداری
die Sozialhilfe	social security benefits, welfare	l'aide sociale	مساعدة اجتماعية	کمک اجتماعی
der Wohlfahrts-verband	charity	l'organisation caritative	جمعية خيرية بهدف المساعدة الاجتماعية	سازمان رفاه
die Zulassungs-bedingung	admission requirement	les conditions à remplir (pour faire des études)	شروط الحصول على إذن	شرایط پذیرش

12 Behörden

Finanzielle Hilfen bei Arbeitslosigkeit: Arbeitsagenturen und Jobcenter

An wen muss ich mich wenden, wenn ich arbeitslos werde?

⇨ Die Arbeitsagenturen und die Jobcenter unterstützen Menschen, die Arbeit suchen. Außerdem kann man hier Arbeitslosengeld beantragen. Die Voraussetzung dafür: eine Arbeitserlaubnis und dass man arbeiten kann. In manchen Fällen ist die Arbeitsagentur zuständig. In anderen Fällen ist das Jobcenter zuständig. Wichtig: Man muss sich frühzeitig arbeitslos melden.

Arbeitsagentur – ALG I	Jobcenter – ALG II
Voraussetzungen • Man muss arbeitslos sein und sich bei der Arbeitsagentur arbeitslos gemeldet haben. • In der Regel muss man in den letzten 30 Monaten mindestens zwölf Monate gearbeitet haben. Außerdem muss man in die Arbeitslosenversicherung eingezahlt haben. Man muss mindestens 15 Stunden pro Woche arbeiten können.	**Voraussetzungen** • Man muss arbeitsfähig sein. • Man muss beim Jobcenter oder der Arbeitsagentur gemeldet sein. • Man braucht das Geld zum Leben. • Manche Menschen arbeiten, doch sie verdienen sehr wenig. Sie können Arbeitslosengeld beantragen. Das nennt man Aufstockung.
Leistungen • Unterstützung bei der Arbeitssuche • Geldleistung abhängig vom Einkommen des letzten Jahres • Übernahme der Kosten für die Krankenversicherung	**Leistungen** • Unterstützung bei der Arbeitssuche • Übernahme der Kosten für Wohnraum und Heizkosten • Geldleistungen für den täglichen Bedarf • Übernahme der Kosten für die Krankenversicherung

⇨ Wer Geld bekommt, hat auch Pflichten:

- Man muss die Termine einhalten, die die Arbeitsagentur oder das Jobcenter bestimmen.
- Man muss sich selbst um Arbeit bemühen und das auch nachweisen – zum Beispiel mit Kopien von Bewerbungen.
- Man muss sich auf die Stellenangebote bewerben, die man von der Arbeitsagentur oder vom Jobcenter bekommt.
- Die Arbeitsagentur oder das Jobcenter achten darauf, dass man die Pflichten einhält. Sonst gibt es kein Geld mehr. Das nennt man „Sperre“.

12 Behörden

Finanzielle Hilfen bei Arbeitslosigkeit: Arbeitsagenturen und Jobcenter

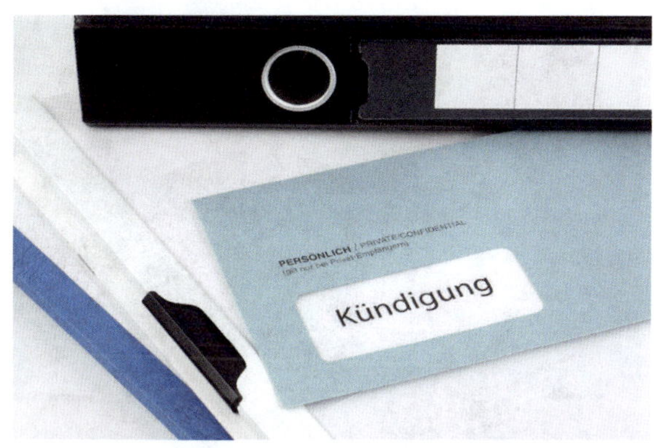

Seine Arbeit zu verlieren, ist ein Einschnitt. Doch die Arbeitsagenturen und die Jobcenter sind für Menschen ohne Arbeit da. Sie helfen zum Beispiel bei der Suche nach einer neuen Stelle, kümmern sich um Weiterbildung und unterstützen finanziell. Wenn man länger gearbeitet hat, steht einem Arbeitslosengeld (Arbeitslosengeld I) zu. Aber auch sonst erhält man finanzielle Hilfen (Arbeitslosengeld II). Wer Geld bekommt, hat auch Pflichten. Zum Beispiel muss man Termine bei der Behörde wahrnehmen und man muss sich bewerben.

Tipp: Es kann dauern, bis die Arbeitsagentur die Leistungen bewilligt. Deshalb sollte man sich frühzeitig bei der Arbeitsagentur oder beim Jobcenter melden. Man muss sich melden, sobald man weiß, dass man seine Arbeit verliert. Man darf also nicht warten, bis man arbeitslos ist.

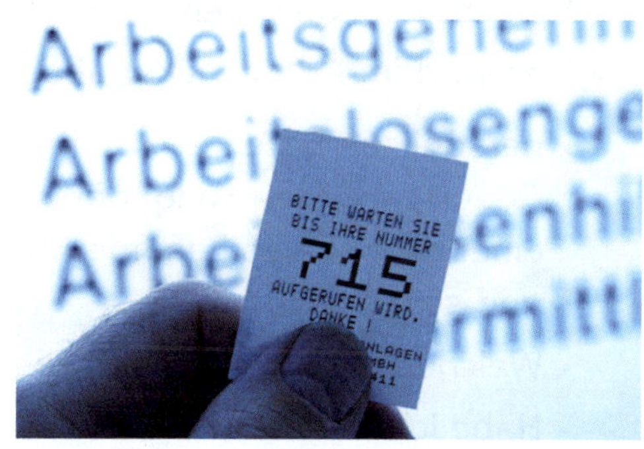

Übersetzungshilfe – Translation guide – Aide à la traduction - دليل الترجمة - راهنمای ترجمه

die Arbeitslosenversicherung	unemployment insurance	l'allocation chômage	تأمين البطالة	بیمه بیکاری
die Aufstockung	top-up	l'allocation d'insertion, le RMI	الزيادة	افزایش
arbeitsfähig	able to work	apte au travail	قادر على العمل	قادر به کار
bewilligen	approve	accorder	يوافق	تصویب
die Geldleistung	payment	la prestation financière	تسديد مبلغ مادي بهدف المساعدة	خدمات نقدی
die Sperre	suspension	la suspension	ايقاف عن العمل	تعلیق

13 Formulare ausfüllen

Arbeitslos melden

Zunächst muss man sich arbeitslos melden. Dann kann man die Dienstleistungen der Agentur für Arbeit und der Jobcenter in Anspruch nehmen. Dazu muss der Arbeitslose persönlich bei der Agentur für Arbeit oder dem Jobcenter erscheinen. Einen Termin kann man auch online ausmachen.

Das Arbeitspaket

- Damit die Mitarbeiterinnen und Mitarbeiter sich ein Bild machen können, muss man ein Formular ausfüllen. Dieses Formular heißt Arbeitspaket. Es besteht aus mehreren Seiten.
- Das wird im Arbeitspaket abgefragt:
  - persönliche Daten (wie Adresse, Geburtsdatum, Geburtsort, Staatsangehörigkeit), Angaben zu einer eventuellen Behinderung, Anzahl der Kinder und so weiter
  - Welchen Schulabschluss habe ich?
  - Habe ich schon ein Studium oder eine Ausbildung abgeschlossen?
  - Habe ich schon Berufserfahrungen?
  - Habe ich Weiterbildungen gemacht?
  - Kann ich Auto fahren?
  - Welche Sprachen spreche ich?

- All diese Angaben benötigen die Berater/-innen, um sich gut auf ein Gespräch vorbereiten zu können. Manchmal müssen Arbeitssuchende weitere Fragebögen ausfüllen. Je mehr der Berater oder die Beraterin weiß, desto schneller und besser kann er dem Antragsteller helfen.

Der Hauptantrag für Arbeitslosengeld II

- Möchte man Arbeitslosengeld II beantragen, muss man einen weiteren Antrag ausfüllen. Dieser umfasst ebenfalls mehrere Seiten.
- Hier wird zum Beispiel auch abgefragt, mit wem man zusammenlebt. Man muss angeben, wer mit in der Wohnung wohnt und ob man verheiratet ist. Außerdem werden etliche weitere Angaben verlangt, zum Beispiel:
  - Bin ich alleinerziehend? Bin ich schwanger?
  - Habe ich eine Behinderung?
  - Pflege ich Angehörige?
  - Habe ich Einkünfte oder Ersparnisse?

13 Formulare ausfüllen

Arbeitslos melden

Tipp: Für den Antrag auf Grundsicherung gibt es ein Video. Dieser Film hilft Menschen, die nicht aus Deutschland kommen:

https://www.arbeitsagentur.de/arbeitslosengeld-2/arbeitslosengeld-2-beantragen-video.

Ganz wichtig: Wenn man seine Stelle verliert, muss man sich sofort arbeitslos melden. Sofort bedeutet: Man muss sich melden, wenn man von der drohenden Arbeitslosigkeit erfährt. Dazu muss man persönlich bei der Agentur für Arbeit oder im Jobcenter erscheinen. Erst dann kann man die Dienstleistungen in Anspruch nehmen. Man muss etliche Formulare ausfüllen (Arbeitspaket). Dabei helfen die Berater.

Übersetzungshilfe – Translation guide – Aide à la traduction – دليل الترجمة – راهنماي ترجمه

alleinerziehend	raising a family as a single parent	qui élève seul(e) un enfant	أب/أم وحيد(ة)	پدر یا مادر مجرد
der Angehörige	family member	le parent	قريب	اعضای خانواده
der Antrag	application (form)	la demande	طلب	درخواست
das Arbeitspaket	work package	le dossier de vie active	حزمة العمل	بسته کاری
die Behinderung	disability	le handicap	إعاقة	ناتوانی
das Formular	form	le formulaire	استمارة	فرم
die Staatsangehörigkeit	nationality	la nationalité	جنسية	تابعیت

14 Unterstützung

Hilfen bei Bürokratie

Selbst Menschen, deren Muttersprache Deutsch ist, verzweifeln manchmal an der Bürokratie: Was erledige ich wo? Und wie fülle ich Formulare aus? Welche Formulare oder Nachweise brauche ich? Das sind Fragen, die auch Menschen beschäftigen, die in Deutschland geboren sind.

Für Menschen, die Deutsch lernen, ist das noch schwieriger. Daher gibt es Unterstützung.

Ehrenamtliche Hilfe

➪ In nahezu allen Orten gibt es Netzwerke, die sich um Geflüchtete und um Menschen aus anderen Ländern kümmern. In diesen Netzwerken und Helferkreisen engagieren sich Ehrenamtliche. Das sind Personen, die für diese Arbeit kein Geld bekommen. Sie wollen den Menschen, die neu in Deutschland sind, den Einstieg erleichtern. Dazu zählt auch die Hilfe bei Behördengängen.

Verbände und Einrichtungen, die helfen

➪ Caritas, Diakonie, der Arbeiter-Samariter-Bund oder das Deutsche Rote Kreuz: Das sind nur vier Beispiele für Wohlfahrtsverbände. Die dortigen Mitarbeiterinnen und Mitarbeiter helfen Menschen bei Behördengängen und dabei, Formulare auszufüllen.

Jugendmigrationsdienste und Migrationsdienste

➪ In vielen Städten gibt es Jugendmigrationsdienste, die sich speziell an junge Menschen richten – und Migrationsdienste für erwachsene Zuwanderer. Beide unterstützen bei dem Weg durch die deutsche Bürokratie.

Tipp: Auf der Internet-Seite www.jugendmigrationsdienste.de kann man nach Jugendmigrationsdiensten in allen Bundesländern suchen. Das Bundesamt für Migration und Flüchtlinge bietet eine Datenbank mit Adressen von Migrationsdiensten, Beratungsstellen und Integrationsangeboten. Hier findet man auch die Adresse der zuständigen Ausländerbehörde: webgis.bamf.de/BAMF/control.

14 Unterstützung

Hilfen bei Bürokratie

Sprachmittler

⇨ Oft braucht man jemanden, der nicht nur gut Deutsch spricht, sondern auch die eigene Muttersprache. Dafür gibt es Sprachmittler. Viele Menschen arbeiten ehrenamtlich als Sprachmittler. Sie begleiten Menschen zu Ämtern und Behörden. Oft besorgen auch die Ämter einen Sprachmittler.

Integrationsbeauftragte

⇨ Die Kommunen haben in der Regel einen Integrationsbeauftragten. Der Integrationsbeauftragte arbeitet im Rathaus. Er ist zuständig für alle Anliegen von Menschen, die aus einem anderen Land nach Deutschland gekommen sind. Auch wenn er persönlich nicht weiterhelfen kann: Er kennt die Anlaufstellen in der Gemeinde oder der Stadt. So weiß er auch, wie man die örtlichen Netzwerke kontaktieren kann.

Unterstützung bei Behördengängen

Oft müssen Menschen, die neu in Deutschland sind, zu Behörden gehen. Oder sie müssen Formulare ausfüllen. Dabei werden sie von vielen Menschen unterstützt.

ehrenamtliche Hilfen (Helferkreise, Netzwerke)

Verbände und Organisationen (Wohlfahrtseinrichtungen)

Jugendmigrationsdienste und Migrationsdienste

Sprachmittler (Übersetzer)

Integrationsbeauftragte (Anlaufstelle im Rathaus)

Übersetzungshilfe – Translation guide – Aide à la traduction - دليل الترجمة - راهنمای ترجمه

der Behördengang	visit to the authorities	les démarches administratives	ذهاب إلى السلطات	مراجعه به نهادهای دولتی
die Bürokratie	bureaucracy	la bureaucratie	بيروقراطية	بوروکراسی
der Helferkreis	group of helpers	le cercle de personnes apportant leur aide	جمعية المساعدين المتطوعين	دایره کمک
die Kommune	local authority	la commune, la ville	السلطة المحلية	اداره محلی

15 Anerkennung von Abschlüssen

Qualifikationen prüfen lassen

Viele Menschen, die nach Deutschland gekommen sind, haben eine Schule besucht. Etliche haben sogar eine Ausbildung abgeschlossen oder studiert. Viele haben in ihrer früheren Heimat einen Beruf ausgeübt. Damit sie hierzulande schnell studieren oder arbeiten können, müssen sie ihre Abschlüsse anerkennen lassen.

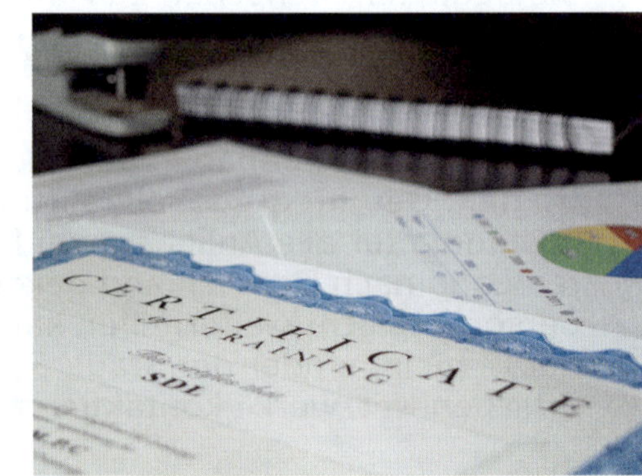

Wie kann ich meinen Schulabschluss anerkennen lassen?

- Möchte ich ein Studium aufnehmen, muss ich bestimmte Bedingungen erfüllen. Die Hochschulen in Deutschland prüfen diese Bedingungen. Man muss auf jeden Fall seinen Schulabschluss anerkennen lassen. Dazu muss man sich an die Anerkennungsstelle für Zeugnisse im jeweiligen Bundesland wenden. Diese Stelle kann ich in der folgenden Datenbank suchen: https://anabin.kmk.org/anabin.html.

Wie kann ich meinen Studienabschluss anerkennen lassen?

- In der Regel gelten in Deutschland nur Abschlüsse von Hochschulen, die staatlich sind oder staatlich anerkannt sind. Auch hier hilft die Datenbank der Kultusministerkonferenz. Dort kann man feststellen, ob die ausländische Hochschule anerkannt ist.
- In der Datenbank kann man auch die Stelle finden, die den Hochschulabschluss anerkennen muss. Es gibt unterschiedliche Stellen für die Anerkennung. Ebenso kann man ermitteln, ob und wie man seinen akademischen Grad in Deutschland führen darf.

Warum brauche ich einen Abschluss, um arbeiten zu können?

- Einige Berufe in Deutschland sind beschränkt. Das heißt: Man darf den Beruf nur ausüben, wenn man bestimmte Prüfungen bestanden hat. Arzt, Erzieher oder Anwalt sind solche Berufe. Man braucht eine Zulassung, um hier zu arbeiten. Manchmal muss man bestimmte Prüfungen nachholen.
- Bei Berufen, die frei zugänglich sind, kann man sich einfach mit seinem Schulabschlusszeugnis bewerben. Zusätzlich kann man sein Zeugnis bewerten lassen. So können Arbeitgeber die Qualifikation besser einschätzen: https://www.kmk.org/zab/zentralstelle-fuer-auslaendisches-bildungswesen/zeugnisbewertung-fuer-auslaendische-hochschulqualifikationen.html.

Wie kann ich meinen Berufsabschluss anerkennen lassen?

- Mit einem Berufsabschluss kann ich mich direkt bewerben. Doch muss der Abschluss anerkannt sein. Eine Erstberatung gibt es bei der Hotline „Arbeiten und Leben in Deutschland“. Telefonnummer: 0049 30-1815-1111 oder über https://www.make-it-in-germany.com
  Die Mitarbeiter erklären das Verfahren und nennen die zuständige Stelle für die Anerkennung. Sie können die Abschlüsse allerdings nicht am Telefon prüfen.

Tipps:

- Die Bundesregierung bietet im Internet viele Informationen in mehreren Sprachen (Englisch, Spanisch, Italienisch, Rumänisch, Polnisch, Türkisch, Griechisch und Arabisch): https://www.anerkennung-in-deutschland.de/html/de/index.php.
- Wer einen anerkannten Hochschulabschluss hat, kann unter Umständen die Blaue Karte EU bekommen: https://www.bamf.de/DE/Themen/MigrationAufenthalt/ZuwandererDrittstaaten/Migrathek/BlaueKarteEU/blauekarteeu-node.html

15 Anerkennung von Abschlüssen

Qualifikationen prüfen lassen

Welche Unterlagen brauche ich für die Anerkennung?

- Meistens ist eine Übersetzung und Beglaubigung der Zeugnisse nötig. Jede amtliche Stelle beglaubigt, zum Beispiel die Stadtverwaltung.
- Kann man seine Zeugnisse nicht mitbringen, reicht oft auch eine Probearbeit oder ein Fachgespräch.

Abschlüsse aus anderen Ländern (Schule, Hochschule, Berufsausbildung) sind nicht automatisch in Deutschland anerkannt. Man muss sie anerkennen lassen. Es gibt unterschiedliche Behörden für die Anerkennung. Für die Anerkennung müssen Zeugnisse beglaubigt werden. Im Internet hat die Bundesregierung Informationen in vielen Sprachen veröffentlicht.

Übersetzungshilfe – Translation guide – Aide à la traduction – دليل الترجمة – راهنماي ترجمه

der Abschluss	qualification	le diplôme de fin d'études	إتمام	مدرک
der akademische Grad	college degree	le titre universitaire	شهادة جامعية	رتبه آکادمیک
die Anerkennung	recognition	la reconnaissance	تصديق (تنفيذ)	تایید
die Anerkennungs-stelle	office responsible for recognising profes-sional qualifications	le service compétent en matière de recon-naissance de diplôme	مكتب تصديق (تنفيذ)الشهادات	مرکز تایید
die Bedingung	condition	la condition	شروط	شرایط
die Beglaubigung	verification	la certification	تصديق	گواهی
die Datenbank	database	la base de données	قاعدة بيانات	بانک‌اطلاعاتی
die Probearbeit	sample of one's work	l'échantillon de qualifi-cation professionnelle	عينة عن جودة العمل	کار نمونه
die Zulassung	licence	l'autorisation	قبول	پذیرش

16 Arbeitserlaubnis

In Deutschland arbeiten dürfen

Wer als Ausländer in Deutschland arbeiten möchte, braucht je nach Herkunftsland und Aufenthaltsstatus eine Arbeitserlaubnis. Diese Arbeitserlaubnis wird auch Arbeitsgenehmigung oder Arbeitsmarktzulassung genannt. Asylbewerber dürfen in den ersten drei Monaten in Deutschland generell nicht arbeiten.

Wovon hängt die Arbeitserlaubnis ab?

➪ Bürger aus der Europäischen Union, der Schweiz und aus dem Europäischen Wirtschaftsraum dürfen ohne Einschränkung in Deutschland arbeiten. Menschen, die eine Niederlassungserlaubnis haben, dürfen ebenfalls arbeiten. Bei allen anderen ist der Aufenthaltsstatus entscheidend. Bei einer sogenannten „Aufenthaltsgestattung“ oder einer Duldung braucht man eine Arbeitserlaubnis. Man darf also nicht uneingeschränkt arbeiten.

Bekomme ich eine generelle Arbeitserlaubnis?

➪ Wenn man nicht uneingeschränkt arbeiten darf, dann braucht man speziell für die gewünschte Arbeitsstelle eine Arbeitserlaubnis. Das bedeutet: Habe ich eine Stelle gefunden, muss ich die Genehmigung bei der Ausländerbehörde beantragen.

Wer erteilt die Arbeitserlaubnis?

➪ Zunächst prüft die Ausländerbehörde, ob eine Arbeitserlaubnis erteilt wird. Sie entscheidet jeden Fall einzeln. Darüber hinaus muss die örtliche Agentur für Arbeit zustimmen. Um diese Zustimmung kümmert sich die Ausländerbehörde. Eine Arbeitserlaubnis bekommt man frühestens nach drei Monaten Wartefrist.

Was prüft die Agentur für Arbeit?

➪ Die Agentur für Arbeit ist dafür zuständig, dass Menschen in Deutschland Arbeit haben. Daher hat die Agentur für Arbeit bisher geprüft: Hat es Nachteile für einen deutschen Staatsbürger, wenn jemand, der neu in Deutschland ist, eine bestimmte Stelle besetzt? Diese Prüfung wird derzeit nur noch bei Bewerbungen um Ausbildungsplätze durchgeführt. Die Agentur für Arbeit schaut jedoch auf die Arbeitsbedingungen: Sie dürfen nicht schlechter sein, als wenn ein deutscher Staatsbürger die Stelle annehmen würde.

Wie sieht es mit Praktika oder Ausbildungen aus?

➪ Bei Praktika und Ausbildungsplätzen erteilt die Ausländerbehörde die Erlaubnis. Das Gleiche gilt für Freiwilligendienste.

Muss ich meinem Arbeitgeber die Arbeitserlaubnis vorlegen?

➪ Ja. Der Arbeitgeber ist verpflichtet, eine Kopie der Genehmigung aufzubewahren.

Tipp:

➪ Verweigert die Ausländerbehörde die Arbeitserlaubnis, kann man Widerspruch einlegen. Das Thema Arbeitserlaubnis ist kompliziert: Man sollte sich beraten lassen.

Was ist die Blaue Karte?

➪ Die Blaue Karte ermöglicht es Menschen, in der Europäischen Union zu arbeiten. Voraussetzung: ein anerkannter Hochschulabschluss, ein Arbeitsvertrag und ein Mindestgehalt bzw. Angehörigkeit zu bestimmten Berufen.

16 Arbeitserlaubnis

In Deutschland arbeiten dürfen

Wer kann eine Arbeitserlaubnis bekommen?

- Bürger aus der EU, dem Europäischen Wirtschaftsraum und der Schweiz haben uneingeschränkten Zugang zum Arbeitsmarkt.
- Bürger aus anderen Staaten brauchen eine Aufenthaltsgenehmigung.
- Bürger Australiens, Israels, Japans, Kanadas, der Republik Korea, Neuseelands und der USA können die Aufenthaltsgenehmigung nach der Einreise einholen. Alle anderen brauchen die Genehmigung vor der Einreise.
- In manchen Fällen muss die Agentur für Arbeit zustimmen.
- Bei Asylbewerbern gelten besondere Bestimmungen.

Übersetzungshilfe – Translation guide – Aide à la traduction – دليل الترجمة مصغر – راهنماي ترجمه

die Arbeitserlaubnis	work permit	le permis de travail	رخصة عمل	اجازه كار
die Aufenthaltsgenehmigung	residence permit	le titre de séjour	تصريح الإقامة	اجازه اقامت
die Aufenthaltsgestattung	temporary residence permit	le titre de séjour provisoire	إذن إقامة مؤقتة	اجازه اقامت موقت
der Aufenthaltsstatus	residence status	la catégorie du séjour	نوع الإقامة	وضعيت اقامت
die Aufnahmeeinrichtung	reception centre	le centre d'accueil	مركز الاستقبال الاولي	مركز پذيرش
die Einschränkung	restriction	la restriction	قيد	محدوديت
die Duldung	temporary suspension of deportation	l'autorisation provisoire de séjour	تعليق مؤقت لحالة الترحيل	تعليق اخراج

17 Arbeitsvertrag

Den Job besiegeln

Ein Arbeitsvertrag ist ein wichtiges Dokument. Das gilt auch für eine Aushilfsstelle, einen Minijob oder ein Praktikum. Denn wenn es Streit gibt, zum Beispiel über die Arbeitszeit, kann man sich auf den Arbeitsvertrag berufen. Arbeitnehmer haben Anspruch auf einen schriftlichen Nachweis der wichtigsten Vereinbarungen.

Was gehört in einen Arbeitsvertrag?

⇨ Ein Arbeitsvertrag regelt die Rechte und Pflichten des Arbeitnehmers oder Auszubildenden. Folgende Angaben gehören in jedem Fall hinein:

- Namen und Anschriften von Arbeitgeber und Arbeitnehmer/Auszubildendem
- Beginn des Arbeitsverhältnisses (bei befristeten Stellen auch das Ende)

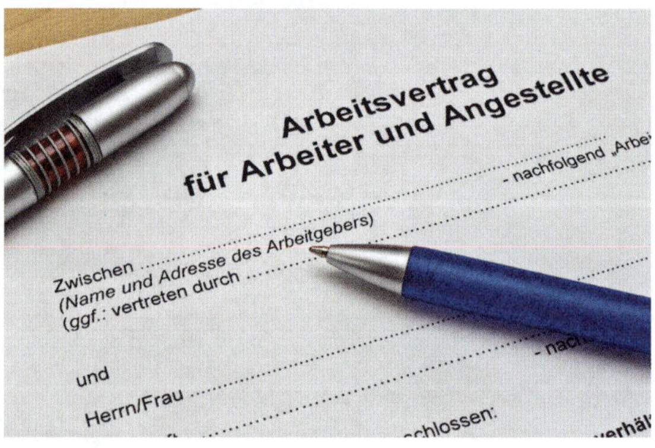

- Arbeitsort
- Art der Tätigkeit
- Höhe des Gehalts oder Lohns (hierzu zählen auch Zahlungen wie Weihnachts- oder Urlaubsgeld, Zulagen, Prämien oder Ähnliches)
- Fälligkeit der Zahlung (zum Beispiel Mitte des Monats oder zum Monatsende)
- Arbeitszeit
- Regelung der Überstunden
- Urlaubstage pro Jahr
- Hinweis auf die Probezeit (das sind in der Regel zwischen drei und sechs Monaten)
- Kündigungsfristen

Tipp: Wenn es einen Tarifvertrag für die Stelle gibt, gehört ein Verweis darauf in den Arbeitsvertrag.

Wie ausführlich sollte ein Arbeitsvertrag sein?

⇨ Je ausführlicher ein Arbeitsvertrag ist, desto besser. Zwei Beispiele:

- Stichwort Überstunden: Wann ist man verpflichtet, Überstunden zu machen, also länger zu arbeiten? Darf man sie zu einem späteren Zeitpunkt durch freie Stunden oder Tage ausgleichen? Oder werden die Überstunden bezahlt? Gibt es Zuschläge (also mehr Geld)? All diese Fragen sollte der Arbeitsvertrag beantworten.
- Stichwort Aufgaben: Dieser Punkt ist neben dem Gehalt der wichtigste. Die Berufsbezeichnung, die Tätigkeit und die Verantwortungsbereiche müssen genau benannt sein. Dann kann der Arbeitgeber später nicht verlangen, dass man ganz andere Aufgaben übernimmt als ursprünglich vereinbart.

17 Arbeitsvertrag

Den Job besiegeln

Tipp: Auch wenn man sich über eine Jobzusage freut: Einen Arbeitsvertrag sollte man nicht überstürzt unterschreiben. Am besten lässt man ihn von jemandem lesen, der sich auskennt. Der Vertrag ist gültig, sobald beide Parteien unterschrieben haben. Egal, ob man ihn wirklich verstanden hat!

Vereinbarungen die gegen Gesetze verstoßen, gelten nicht.

Wichtige Angaben im Arbeitsvertrag

ARBEITSVERTRAG

- Angabe zum Arbeitgeber
- Kündigungsfristen
- Angabe zum Arbeitnehmer
- wöchentliche Arbeitszeit
- Jobtitel/Berufsbezeichnung
- Urlaubsanspruch
- Arbeitsplatzbeschreibung
- Arbeits- und Einsatzort
- Verantwortungsbereiche
- Bezahlung
- Beginn des Arbeitsverhältnisses
- Sondervergütungen
- Überstundenregelung

Übersetzungshilfe – Translation guide – Aide à la traduction – دليل الترجمة – راهنماي ترجمه

der Tarifvertrag	collective agreement	la convention collective	عقد الدفع	توافقنامه پرداخت
die Vereinbarung	provision	la clause	اتفاق	توافق

18 Gehalt und Lohn

Geld verdienen

Was ist Lohn? Was ist Gehalt?

⇨ Früher hieß es oft: Arbeiter bekommen Lohn, Angestellte ein Gehalt. Doch der eigentliche Unterschied liegt an anderer Stelle. Ein Gehalt ist in der Regel ein festes monatliches Gehalt. Es ist jeden Monat gleich. Der Lohn kann hingegen schwanken. Dem Lohn liegen oft unterschiedliche Arbeitsstunden oder unterschiedliche Leistungen pro Monat zugrunde. Das ist zum Beispiel häufig im Baugewerbe oder bei Akkordarbeit in der Industrie der Fall.

Wer legt fest, wie viel ich verdiene?

⇨ In vielen Branchen gibt es Tarifverträge. Arbeitgeber und die Gewerkschaften haben sich auf diese Tarifverträge geeinigt. In den Tarifverträgen sind auch Löhne und Gehälter festgelegt. Nicht alle Branchen haben einen Tarifvertrag. Und nicht alle Arbeitgeber sind im Arbeitgeberverband. Somit sind nicht alle Firmen an Tarifverträge gebunden. In Firmen ohne Tarifverträge handeln Arbeitgeber und Arbeitnehmer den Lohn frei aus. Hier heißt es: Gut verhandeln. Das Gleiche gilt auch für höhere Positionen. Diese werden meistens außertariflich bezahlt. Achtung: Zu den Zahlungen zählen auch Prämien sowie Urlaubsgeld und Weihnachtsgeld.

Was verdiene ich in der Ausbildung?

⇨ Auch Auszubildende bekommen Geld. Das Gehalt der Auszubildenden ist jedoch niedriger als das Gehalt, das man nach der Ausbildung bekommt. Die Gehälter von Auszubildenden sind sehr unterschiedlich. Es kommt ganz auf die Firmen und die Branche an. Mit jedem Ausbildungsjahr steigt das Gehalt.

Was ist der Mindestlohn?

⇨ Seit 2015 gibt es in Deutschland einen Mindestlohn. Das ist ein Stundenlohn, den Arbeitgeber nicht unterschreiten dürfen. Der Mindestlohn liegt bei 9,60 Euro brutto pro Stunde. Er ist gesetzlich festgelegt und gilt für alle Branchen. Zudem haben manche Branchen einen höheren Mindestlohn festgelegt.
Ausgenommen vom gesetzlichen Mindestlohn sind Personen unter 18 Jahren ohne Berufsabschluss sowie Menschen, die schon lange arbeitslos sind. Auch bei einem freiwilligen Praktikum, das kürzer als drei Monate ist, oder einem Pflichtpraktikum entfällt der Anspruch auf Mindestlohn.

Was sind Überstunden?

⇨ Überstunden sind Arbeitsstunden, die über die festgelegte Arbeitszeit hinausgehen. Arbeite ich zum Beispiel in einem Monat 170, während im Vertrag nur 160 Stunden vereinbart sind, habe ich zehn Überstunden gemacht. Manchmal kann man dann zehn Stunden frei nehmen. Das ist der Freizeitausgleich. Oder man bekommt Geld für die Überstunden. Die Überstundenregelung sollte im Vertrag stehen.

18 Gehalt und Lohn

Geld verdienen

Wie bekomme ich meinen Lohn oder mein Gehalt?

➪ Normalerweise bekommt man Lohn oder Gehalt monatlich ausgezahlt. Der Termin für die Auszahlung steht im Arbeitsvertrag: Üblich ist die Zahlung Mitte oder Ende des Monats. Der Arbeitgeber überweist Lohn oder Gehalt auf ein Konto. Der Arbeitnehmer bekommt eine Lohn- oder Gehaltsabrechnung. Darauf stehen der Verdienst und Beträge, die der Arbeitgeber abgezogen hat: zum Beispiel den Beitrag für die Krankenversicherung, die Pflegeversicherung, die Arbeitslosenversicherung und die Rentenversicherung.

Wer arbeitet, verdient Geld. Das ist der Lohn oder das Gehalt. In Deutschland gibt es einen Mindestlohn. Das ist ein Stundensatz, den jeder Angestellte oder Arbeiter bekommen muss. Darüber hinaus gibt es Tarifverträge, die die Bezahlung in bestimmten Branchen regeln. Oft werden Verdienste auch frei mit dem Arbeitgeber verhandelt. Auch Auszubildende bekommen Geld. Hier darf ebenfalls ein bestimmtes Gehalt nicht unterschritten werden.

Übersetzungshilfe – Translation guide – Aide à la traduction – دليل الترجمة – راهنماي ترجمه

die Akkordarbeit	piecework	le travail à la pièce	عمل بالقطعة	کار مزدی
die Auszahlung	payment	le paiement	دفع	پرداخت
außertariflich	without reference to a collective agreement	non réglé par la convention collective	غير ملزم بلائحة الأجور	خارج از تعرفه
das Gehalt	salary	la rétribution, le salaire	راتب	حقوق
die Gewerkschaft	trade union	le syndicat	نقابة العمال	اتحاديه کارگری
der Lohn	wage	le salaire	أجر	دستمزد
die Überstunde	hour of overtime	l'heure supplémentaire	ساعة إضافية	اضافه کار

19 Versicherungen

Abgesichert im Beruf

Wenn man arbeitet, kommt das Thema Versicherungen auf einen zu. Zu manchen Versicherungen meldet der Arbeitgeber die Angestellten an. Um andere muss man sich selbst kümmern. Sobald man angestellt ist, ist man in vielen Bereichen pflichtversichert. Das heißt, man kann nicht entscheiden, ob man sich versichern möchte. Das sind die sogenannten Sozialversicherungen. Der Arbeitgeber bezahlt die Beiträge direkt an die Versicherungen. Das sieht man auf der Abrechnung.

Krankenversicherung

- Jeder, der einen Arbeitsvertrag hat, ist krankenversichert. Das heißt, er muss Beiträge zahlen. Wenn man krank ist, kann man dann verschiedene Leistungen in Anspruch nehmen. Die Beiträge teilen sich Arbeitgeber und Arbeitnehmer.
- Die Versicherungen heißen Krankenkassen. Die Krankenkasse kann man sich aussuchen. Je nach Krankenkasse gibt es einen Zusatzbeitrag. Den Zusatzbeitrag trägt der Arbeitnehmer allein. Es lohnt sich, Zusatzbeiträge und Zusatzleistungen zu vergleichen.

Pflegeversicherung

- Wer in der gesetzlichen Krankenversicherung ist, ist automatisch auch in der Pflegeversicherung. Man muss keinen Antrag stellen. Die Pflegeversicherung sichert Pflegeleistungen im Pflegefall ab. Auch diesen Beitrag teilen sich Arbeitgeber und Arbeitnehmer.

Arbeitslosenversicherung

- Arbeiter und Angestellte sind automatisch in der Arbeitslosenversicherung. Die Arbeitslosenversicherung sichert eine Arbeitslosigkeit finanziell ab. Wer in die Arbeitslosenversicherung einzahlt, hat nach einiger Zeit Anspruch auf Arbeitslosengeld.

Rentenversicherung

- Angestellte sind in der Regel in der gesetzlichen Rentenversicherung versichert. Die Rentenversicherung sorgt dafür, dass man auch im Alter, wenn man nicht mehr arbeitet, Geld bekommt: die Rente.

Wie hoch sind die Beiträge?

- Die Beiträge zur gesetzlichen Sozialversicherung sind abhängig von der Höhe des Gehalts. Sie steigen, wenn man mehr verdient.
- Für die Krankenkasse zahlt man 14,6 Prozent vom Bruttoeinkommen. Hinzu kommt ein Zusatzbeitrag. Diesen trägt der Arbeitnehmer allein.
- Der Beitrag für die Pflegeversicherung beträgt 3,05 Prozent vom Brutto-Einkommen. Menschen ohne Kinder zahlen 0,25 Prozent mehr.
- Der Beitrag zur Arbeitslosenversicherung sind 2,4 Prozent. Arbeitgeber und Arbeitnehmer zahlen jeweils die Hälfte.
- Bei der Rentenversicherung beträgt der Beitrag zurzeit 18,6 Prozent. Auch hier teilen sich Arbeitgeber und Arbeitnehmer den Beitrag.
- Verdient man sehr viel, werden die Beiträge „gedeckelt“: Das bedeutet, dass es eine Grenze gibt. Ab einem bestimmten Einkommen steigen die Beiträge nicht weiter.

Beispiel für Sozialversicherungsbeiträge Arbeitnehmer Steuerklasse I, ledig, kein Kind	
Nettogehalt: 2.500,00 €	
Krankenversicherung Arbeitnehmeranteil 7,3 % Zusatzbeitrag 1 %	 182,50 € 25,00 €
Pflegeversicherung Arbeitnehmeranteil 1,525 % + Zuschlag für Kinderlose 0,25 %	44,38 €
Arbeitslosenversicherung Arbeitnehmeranteil 1,2 %	30,00 €
Rentenversicherung Arbeitnehmeranteil 9,3 %	232,50 €
Sozialversicherungsbeiträge insgesamt	514,38 €

Stand 2020

19 Versicherungen

Abgesichert im Beruf

Berufsunfähigkeitsversicherung

⇨ Manchmal geht es schneller, als man denkt: Man wird krank oder hat einen Unfall und kann nicht mehr in seinem Beruf arbeiten. Gerade als junger Mensch steht man dann vor einem finanziellen Problem. Daher sollte man privat vorsorgen. Die richtige Berufsunfähigkeitsversicherung zu finden ist gar nicht so einfach. Am besten lässt man sich bei der Verbraucherzentrale beraten: https://www.verbraucherzentrale.de/beratung.

Träger der Sozialversicherung: Wer ist zuständig?

Gesetzliche Krankenversicherung	gesetzliche Krankenkassen (Ersatzkassen, Ortskrankenkassen, Betriebskrankenkasse)
Gesetzliche Rentenversicherung	bundesweite Rententräger und regionale Niederlassungen (zum Beispiel Deutsche Rentenversicherung Bund)
Gesetzliche Pflegeversicherung	Pflegekassen der Krankenkassen
Gesetzliche Unfallversicherung	Berufsgenossenschaften (zum Beispiel landwirtschaftlich oder gewerblich) und öffentliche Unfallversicherungen (zum Beispiel öffentliche Unfallkassen)
Gesetzliche Arbeitslosenversicherung	Bundesagentur für Arbeit sowie die regionalen Niederlassungen und Jobcenter

Übersetzungshilfe – Translation guide – Aide à la traduction - دليل الترجمة - راهنماي ترجمه

der Beitrag	contribution	la cotisation	مساهمة	حق بيمه
die Krankenkasse	health insurance fund	la caisse d'assurance maladie	صندوق الضمان الصحي	صندوق درمان
pflichtversichert	subject to compulsory insurance	assuré à titre obligatoire	مُؤَمَّن عليه إلزاميًا	بيمه‌اجبارى
die Rente	pension	la retraite	تقاعد	بازنشستگى
die Versicherung	insurance	l'assurance	تأمين	بيمه
vorsorgen	take out cover	Prévoir	تزويد	پيشگيرى كردن
der Zusatzbeitrag	additional contribution	la cotisation supplémentaire	مساهمة إضافية	پرداخت حق بيمه اضافى

20 Wie eine Firma funktioniert

Wer trägt welche Verantwortung?

Es gibt viele verschiedene Arten, eine Firma aufzubauen und zu führen. Daher ist es wichtig, die Strukturen bei seinem Arbeitgeber zu erkennen. Man sollte wissen, wer Entscheidungen trifft, wer Anweisungen erteilt und wen man bei Fragen und Problemen ansprechen kann.

Hierarchie

- Manche Firmen sind hierarchisch aufgebaut. Unter Hierarchie versteht man eine Rangordnung. Bezogen auf eine Firma heißt das zum Beispiel:
  In Firmen, die hierarchisch aufgestellt sind, muss man bestimmte Wege der Abstimmung einhalten. Es gibt verschiedene Ebenen, die mal mehr, mal weniger entscheiden dürfen und müssen. Ein Sachbearbeiter informiert den Abteilungsleiter. Dieser wiederum berichtet an den Hauptabteilungsleiter. Und dieser an den Vorstand oder an die Geschäftsführung. Geschäftsführung oder Vorstand leitet die Firma und trägt die Hauptverantwortung.

Gibt es auch Firmen ohne Hierarchien?

- Es gibt auch Firmen, die „flache Hierarchien" haben. Das heißt: Es gibt höchstens eine Führungsebene. Jeder einzelne Mitarbeiter hat dann mehr Verantwortung.
- Je kleiner eine Firma ist, desto weniger streng sind oft die Hierarchien. In einer kleinen Autowerkstatt sieht es anders aus als in einem großen Konzern. Dennoch sollte jeder wissen, was er darf oder nicht darf.

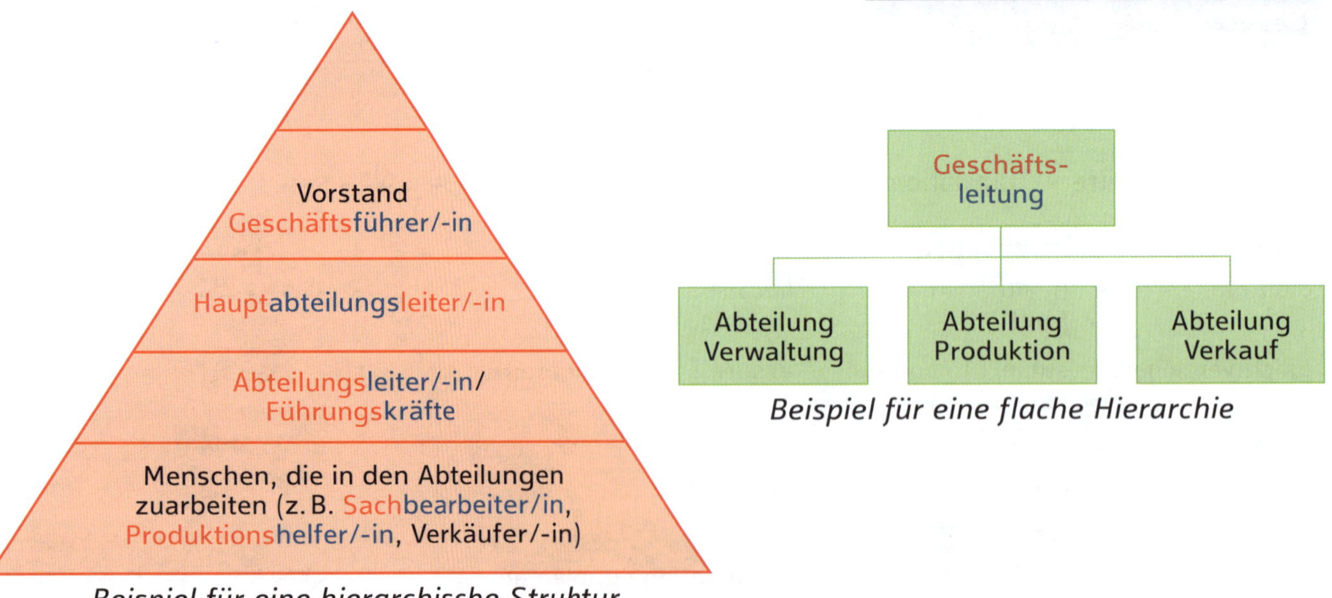

Beispiel für eine hierarchische Struktur

Beispiel für eine flache Hierarchie

20 Wie eine Firma funktioniert

Wer trägt welche Verantwortung?

Tipp: Wenn man neu ist, sollte man einiges lernen:

- Wie ist die Firma organisiert?
- Welche Umgangsformen sind üblich? Das heißt: Wie redet man mit den Kollegen? Wie mit dem Chef?
- Wer ist der Vorgesetzte?
- Mit wem muss ich mich abstimmen?
- Welcher Führungsstil zeichnet die Firma aus?

Gerade am Anfang darf man seine Zuständigkeit nicht überschreiten. Man muss wissen, was man darf und was man nicht darf. Es ist besser, den Vorgesetzten einmal zu viel zu fragen als einmal zu wenig. Bei Unsicherheit: einfach nachfragen.

Es gibt Firmen mit starker Hierarchie. Und es gibt Firmen, die auf flache Hierarchien setzen. In Firmen mit starker Hierarchie gibt es nicht nur eine, sondern mehrere Führungsebenen. Es gibt Abteilungs- und Hauptabteilungsleiter und einen Vorstand. In Unternehmen mit flachen Hierarchien hat jeder Mitarbeiter selbst mehr Verantwortung.

Übersetzungshilfe – Translation guide – Aide à la traduction - دليل الترجمة – راهنماي ترجمه

die Ebene	level	le niveau	مستوى	سطح
die Geschäftsführung	executive board	la direction	إدارة عمل الشركة	مديريت شركت
die Hierarchie	hierarchy	la hiérarchie	التدرج الهرمي	سلسله مراتب
die Struktur	structure	la structure	هيكلية	ساختار
die Umgangsform	behaviour code	les bonnes manières	طريقة التعامل	طرز رفتار
die Verantwortung	responsibility	la responsabilité	مسؤولية	مسئوليت
der Vorgesetzte	line manager	le supérieur hiérarchique	رئيس (في العمل)	مافوق
der Vorstand	board of management	le directoire	مجلس إدارة	هيئت مديره

21 Familie und Beruf

Job und Kinder vereinbaren

In Deutschland sind nicht nur Männer berufstätig. Auch Frauen gehen arbeiten. Sie haben gute Schulabschlüsse, machen eine Ausbildung oder studieren. Viele Frauen bleiben auch nach der Geburt eines Kindes im Beruf. Für sie ist es wichtig, weiter zu arbeiten und Geld zu verdienen. Andere bleiben zuerst noch eine Zeit lang zu Hause, um sich um die Kinder zu kümmern. Das ist die sogenannte Elternzeit. Manchmal geht auch die Mutter sehr bald nach der Geburt wieder arbeiten und der Vater nimmt sich Zeit für die Familie. Auch Väter können Elternzeit nehmen.

Wo bleiben die Kinder, wenn Mutter und Vater arbeiten?

➪ Wenn die Eltern arbeiten, müssen die Kinder betreut sein. Viele Kinder gehen in die Kinderbetreuung. Je nach Alter der Kinder gibt es verschiedene Möglichkeiten: Kinder unter drei Jahren können in eine Kinderkrippe, eine Kindertagesstätte oder zu einer Tagesmutter gehen. Kinder ab drei Jahren können den Kindergarten besuchen. Und Schulkinder können die Schulbetreuung nutzen. Man muss sich aber frühzeitig um die Kinderbetreuung kümmern. Große Firmen haben manchmal selbst Kindertagesstätten für die Kinder ihrer Mitarbeiter.

Wie kann ich trotz Arbeit Zeit fürs Kind haben?

➪ Gerade wenn Kinder noch klein sind, möchten Eltern viel Zeit mit ihnen verbringen. Wenn man dennoch arbeiten möchte oder muss, ist auch das möglich: Denn man kann Teilzeit arbeiten. Familienfreundliche Firmen bieten verschiedene Arbeitszeitmodelle für Eltern: Arbeitszeit reduzieren, also zum Beispiel nur einen halben Tag lang, teilweise von zu Hause aus arbeiten, Gleitzeit mit flexiblen Arbeitszeiten und so weiter. Leider sind längst nicht alle Firmen familienfreundlich.

Muss immer die Frau Teilzeit und der Mann Vollzeit arbeiten?

➪ Nein. Auch Männer können Teilzeit arbeiten. Wenn die Frau zum Beispiel mehr verdient als der Mann, ist es günstiger, wenn die Frau mehr arbeitet. Mann und Frau können sich so das Geldverdienen, die Arbeit im Haushalt und die Erziehung der Kinder teilen. Viele Familien in Deutschland machen das auf diese Weise.

Was ist die Elternzeit?

➪ Jede Arbeitnehmerin und jeder Arbeitnehmer hat Anspruch auf Elternzeit. Die Elternzeit reicht vom Ende des Mutterschutzes bis zum 3. Lebensjahr des Kindes. Bis zu 24 Monate kann man zudem auf später verschieben. Während der Elternzeit ruht das Arbeitsverhältnis. Eltern können (in der Zeit zwischen dem 3. und 8. Geburtstag des Kindes) entscheiden, wer wie lange in Elternzeit geht. Zudem darf man während der Elternzeit bis zu 30 Stunden pro Woche arbeiten. Am besten bespricht man den Wunsch nach Elternzeit mit dem Arbeitgeber. So kann die Firma planen. In vielen Fällen bekommen Eltern in Elternzeit Elterngeld. Das ist eine finanzielle Unterstützung.

21 Familie und Beruf

Job und Kinder vereinbaren

Was tun Arbeitgeber, um die Vereinbarkeit von Familie und Beruf zu erleichtern?

⇨ Es ist nicht immer einfach, Familie und Job zu vereinbaren. Doch immer mehr Firmen bieten flexible Arbeitszeiten an. Vor allem in großen Firmen gibt es viele verschiedene Modelle, die Arbeitszeit zu gestalten. Manche Arbeitgeber bieten Programme, die den Wiedereinstieg in den Job nach einer längeren Pause erleichtern.

Vereinbarkeit von Familie und Beruf

Damit Eltern ihren Beruf und die Familie vereinbaren können, müssen viele Puzzleteile ineinandergreifen. Es gibt verschiedene Maßnahmen, um Eltern die Vereinbarkeit zu erleichtern.

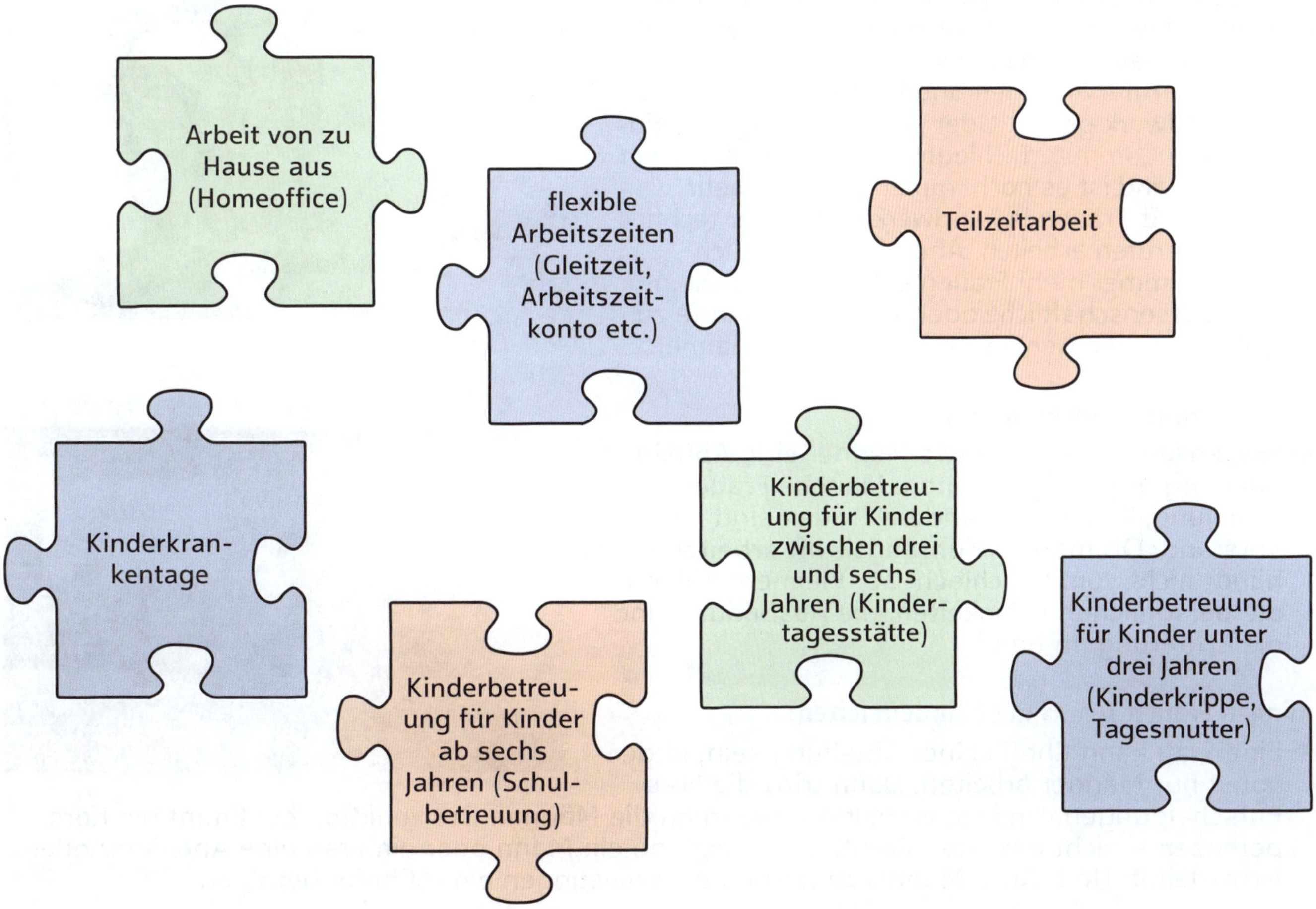

- Arbeit von zu Hause aus (Homeoffice)
- flexible Arbeitszeiten (Gleitzeit, Arbeitszeitkonto etc.)
- Teilzeitarbeit
- Kinderkrankentage
- Kinderbetreuung für Kinder zwischen drei und sechs Jahren (Kindertagesstätte)
- Kinderbetreuung für Kinder unter drei Jahren (Kinderkrippe, Tagesmutter)
- Kinderbetreuung für Kinder ab sechs Jahren (Schulbetreuung)

Übersetzungshilfe – Translation guide – Aide à la traduction - دليل الترجمة - راهنماي ترجمه

das Arbeitszeitmodell	working time model	le modèle de temps de travail	نموذج وقت العمل	مدل ساعات کاری
die Elternzeit	parental leave	le congé parental	إجازة الأبوة (أو الأمومة كذلك)	مرخصی بچه دار شدن
familienfreundlich	family-friendly	en faveur des familles	مراعي للأسرة	هماهنگ با خانواده
die Kinderbetreuung	childcare	la garde d'enfants	رعاية الأطفال	مراقبت از کودکان

22 Auch Frauen können führen

Gleichberechtigung am Arbeitsplatz

Frauen und Männer sind gleichberechtigt. Das bedeutet: Sie haben die gleichen Rechte. Das gilt auch für die Ausbildung und den Beruf. Frauen können studieren oder sich eine Ausbildung aussuchen. Frauen gehen ebenso arbeiten wie Männer.

Welche Berufe stehen Frauen offen?

➪ Mädchen oder Frauen können ihren Beruf selbst wählen. Sie können sich überlegen, welcher Beruf zu ihnen passt. Es gibt keine Männerberufe und Frauenberufe. Mädchen und Frauen können auch ins Handwerk gehen. Oder sie können Ingenieurinnen oder Computerfachleute werden. Doch auch in Deutschland ist es noch immer so, dass mehr Männer als Frauen in handwerklichen oder technischen Berufen arbeiten. Aber das ändert sich bereits. Immer mehr Frauen entscheiden sich, in naturwissenschaftliche oder technische Berufe zu gehen. Sie sind genauso erfolgreich wie Männer.

Können Frauen eine Firma leiten?

➪ Frauen können ebenso wie Männer eine Abteilung oder sogar eine Firma leiten. Manche Frauen sind Abteilungsleiterinnen, andere Frauen sind im Vorstand. Ob man als Führungskraft arbeiten kann, hängt nicht vom Geschlecht ab. Vielmehr zählen die persönlichen Fähigkeiten, die Ausbildung und die Erfahrung im Beruf.

Können Frauen Teams mit Männern leiten?

➪ Eine Frau kann Chefin einer Abteilung sein, in der sonst nur Männer arbeiten. Dann trifft die Frau Entscheidungen. Und sie verteilt Aufgaben an die Männer. Die Funktion bestimmt die Kompetenzen – nicht das Geschlecht. Es ist egal, ob ein Mann oder ein Frau eine Abteilung oder Firma leitet. Und: Auch Männer müssen die Anweisungen einer Chefin befolgen.

Sind ebenso viele Frauen wie Männer Führungskräfte?

➪ In Deutschland haben Frauen schon viel erreicht. Sie haben lange für ihre Rechte gekämpft. Dadurch ist es heute völlig normal, dass eine Frau eine Abteilung oder eine Firma leitet. Dennoch gibt es immer noch weniger Chefinnen als Chefs. Das liegt unter anderem daran, dass Frauen öfter Aufgaben in der Familie wahrnehmen als Männer. Viele Frauen setzen sich dafür ein, dass sie ebenso Karriere machen können wie Männer. Sie wollen nicht mehr benachteiligt sein, zum Beispiel bei der Bezahlung.

22 Auch Frauen können führen

Gleichberechtigung am Arbeitsplatz

Wie stehen die Firmen zu Frauen als Führungskräfte?

➪ Etliche Firmen unterstützen Frauen dabei, Chefin zu werden. Sie setzen sich für mehr Frauen in der Führungsebene ein. Manche haben auch eine Frauenquote. Eine Frauenquote setzt fest, wie viele Frauen in bestimmten Positionen mindestens arbeiten sollen. Die deutsche Regierung hat ebenfalls eine Quote eingeführt: Diese Quote besagt, dass 30 Prozent der Personen in Aufsichtsräten weiblich sein müssen. Der Aufsichtsrat ist ein wichtiges Entscheidungsgremium in sehr großen Firmen. Mit dieser Quote will die Regierung ein Zeichen für Gleichberechtigung setzen.

Tipp: In manchen Firmen gibt es besondere Förderprogramme für Frauen. Damit wollen die Unternehmen den weiblichen Nachwuchs fördern.

Frauen und Männer haben gleiche Rechte – auch in der Arbeitswelt.

- Frauen dürfen genauso arbeiten wie Männer.
- Es gibt keine Männerberufe: Frauen dürfen jeden Beruf ausüben.
- Frauen können auch Führungskraft sein.

Noch immer gibt es viel zu tun, damit Frauen und Männer in der Arbeitswelt gleichberechtigt sind.

Übersetzungshilfe – Translation guide – Aide à la traduction – دليل الترجمة – راهنماي ترجمه

der Aufsichtsrat	supervisory board	le conseil de surveillance	لجنة المراقبة	هيئت ناظر
die Frauenquote	women's quota	le pourcentage de postes réservé aux femmes	نسبة النساء	سهميه زنان
die Führungskraft	manager	le cadre supérieur	قيادي	نیروی اجرایی
das Geschlecht	gender	le sexe	جنس	جنسیت
die Gleichberechtigung	equal rights	l'égalité des droits	مساواة	برابری حقوق

23 Den Arbeits-Knigge verstehen

Gutes Benehmen am Arbeitsplatz

Im Berufsleben gibt es viele ungeschriebene Gesetze für den Umgang mit Vorgesetzten und Kollegen. Auch als Berufseinsteiger sollte man diese unbedingt beachten. Daher ist es hilfreich, den „Arbeits-Knigge“ zu kennen. Das sind Benimmregeln für das Verhalten am Arbeitsplatz.

Wie verhalte ich mich am ersten Arbeitstag?

➪ Natürlich ist man an seinem ersten Arbeitstag nervös; dann passieren schon mal Fehler. Aber ein Sprichwort sagt: „Es gibt keine zweite Chance für den ersten Eindruck.“ Das bedeutet: Der erste Eindruck ist sehr wichtig. Kommt man am ersten Arbeitstag gut an, hat man viel gewonnen. Umgekehrt gilt: Ein schlechter erster Eindruck hält sich hartnäckig. Deshalb sind die Benimmregeln so wichtig.

Tipp: (nicht nur) für den ersten Arbeitstag:

- Pünktlich zu sein ist sehr wichtig.
- Die Kleidung sollte ordentlich sein und zur Stelle passen.
- Man stellt sich seinen neuen Kollegen vor.
- Man sollte nicht gelangweilt oder genervt wirken.
- Man sollte Fragen zum Arbeitsplatz stellen. Damit zeigt man sein Interesse.
- Man sollte zuhören, wenn andere etwas erklären oder Fragen beantworten.
- Man sollte das Gegenüber freundlich anschauen und Blickkontakt halten.
- Man sollte eine gewisse Distanz wahren – das heißt, dem Gesprächspartner räumlich nicht zu nahe kommen.
- Man ist höflich und zuvorkommend. Das bedeutet zum Beispiel auch, dass man seine Kaffeetasse in den Geschirrspüler räumt und keinen Müll herumliegen lässt.
- Small-Talk ist wichtig. Das ist das „kleine Gespräch“ am Rande. Wenn sich die Kollegen mittags beim Essen unterhalten, sollte man sich ruhig einbringen. Doch es ist nicht angebracht, das Gespräch sofort an sich zu reißen.
  Denn: Es ist besser, wenn man sich erst ein Bild über das Team macht. Daher hält man sich in den ersten Wochen eher ein wenig zurück.

Was soll ich am Arbeitsplatz anziehen?

➪ In manchen Berufen gibt es Uniformen oder Arbeitskleidung. Zum Beispiel bei der Polizei, bei der Deutschen Bahn, bei der Deutschen Post, bei der Feuerwehr oder auch in Werkstätten und Fabriken. Da stellt sich morgens nicht die Frage: Was ziehe ich an?

➪ Wenn man jedoch selbst über die Kleidung entscheiden kann, sollte man sich ein paar Gedanken machen. Jede Firma hat ihren eigenen Kleidungsstil. Im Englischen heißt das: Dresscode. Dieser Begriff wird auch in Deutschland benutzt. Angemessene Kleidung ist ein Ausdruck von Wertschätzung gegenüber dem Arbeitgeber.

23 Den Arbeits-Knigge verstehen

Gutes Benehmen am Arbeitsplatz

- Es empfiehlt sich zu schauen, was die Kolleginnen und Kollegen tragen. Kommen sie in Jeans und Pullover oder Jeans und Bluse? Oder tragen sie eher einen Rock, einen Hosenanzug und einen Anzug? Manche Firmen sehen das Thema Kleidung ganz locker. Dort sieht man sowohl Angestellte in Jeans als auch in Anzughose oder Kostüm. Wenn man sich unsicher ist: Ruhig nachfragen. Niemand findet es schlimm, wenn Neueinsteiger unsicher sind und sich erkundigen.
- Insgesamt ist es wichtig, dass man sich in der Kleidung wohlfühlt. Kein Chef erwartet es, dass man sich verkleidet. Es findet sich immer ein Kompromiss, der zur Firma und zum eigenen Stil passt.

Der erste Arbeitstag: Fehler vermeiden

Der erste Tag am neuen Arbeitsplatz ist aufregend. Man sollte versuchen, Fehler zu vermeiden.

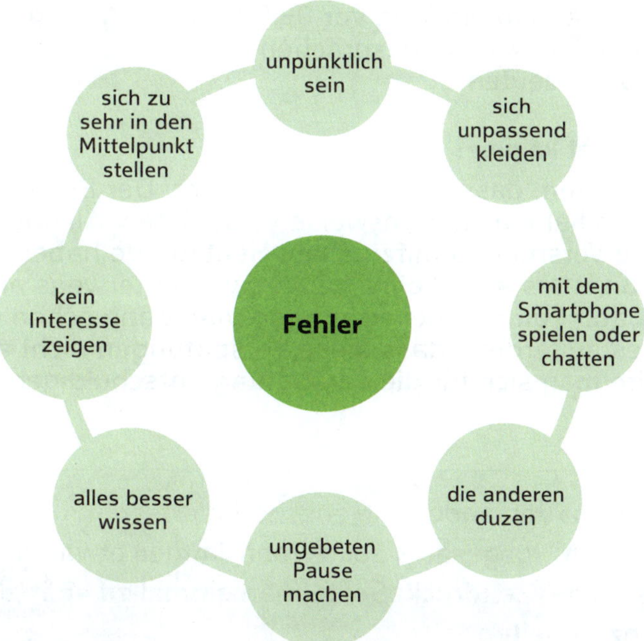

Übersetzungshilfe – Translation guide – Aide à la traduction - دليل الترجمة - کمک در زمینه ترجمه

der Arbeits-Knigge	workplace etiquette	les bonnes manières sur le lieu de travail	دليل السلوك والآداب داخل العمل	راهنمای آداب معاشرت کار
das Benehmen	behaviour	la conduite	السلوك	رفتار
die Benimmregel	rule for how to behave	la règle de politesse	قاعدة التعامل (مع المحيط)	قانون آداب معاشرت
der Blickkontakt	eye contact	se regarder	التواصل بالعين	تماس چشمی
der erste Eindruck	first impressions	la première impression	الانطباع الأول	تاثیر نخست
der Kleidungsstil	dress code	le style vestimentaire	أسلوب اللباس	طرز پوشش
das ungeschriebene Gesetz	unwritten rule	le non-dit	قانون غير مكتوب	قانون نانوشته
die Uniform	uniform	l'uniforme	زي موحد	یونیفورم

23 Den Arbeits-Knigge verstehen

Pünktlichkeit und Umgang mit eigenen Fehlern

Manieren und Verhaltensregeln: Das klingt streng. Doch letztlich erleichtern gute Umgangsformen das Miteinander.

Gibt es die „deutsche Pünktlichkeit"?

- Viele sagen den Deutschen nach, dass sie besonders pünktlich seien. Das ist ein Klischee. Ein Klischee ist ein veraltetes Bild, das man von jemandem oder einer Sache hat. Es gibt Deutsche, die pünktlich sind. Es gibt aber ebenso Deutsche, die zu spät kommen.
- Im Beruf gilt Pünktlichkeit jedoch immer noch als Tugend. Eine Tugend ist eine gute Eigenschaft. Chefs oder Kunden erwarten Pünktlichkeit. Wenn eine Schneiderin zu einer Kundin sagt: „Sie können Ihr Kleid am nächsten Dienstag abholen", dann ist es unhöflich, wenn die Kundin am Dienstag kommt und das Kleid noch nicht fertig ist. Das Gleiche gilt für Besprechungen: Hat sich das Team für 09:00 Uhr verabredet, sollte man um kurz vor 09:00 Uhr am Tisch sitzen. Und: Bei Vorstellungsgesprächen kann eine Verspätung das Aus bedeuten.

Was mache ich, wenn ich zu spät komme?

- Es kann immer mal passieren, dass man zu spät kommt: Der Bus hat Verspätung. Das Auto springt nicht an. Oder ich habe ausnahmsweise verschlafen. All das ist menschlich. Doch dann gehört es sich, die Verspätung mitzuteilen. Heutzutage haben fast alle Leute ein Handy oder ein Smartphone. So ist es auch kein Problem, von unterwegs anzurufen und Bescheid zu sagen, dass man später kommt. Vielleicht kann man dann schon sagen, bis wann man da sein kann. Wichtig ist es außerdem, dass diese Verspätungen nicht andauernd vorkommen. Selbstverständlich sollte man sich für die Verspätung entschuldigen. Schließlich musste der andere warten.

> ***Tipp:*** Wer pünktlich ist, bringt den anderen Menschen Wertschätzung entgegen; Pünktlichkeit ist eine Frage der Höflichkeit. Insgesamt sollte man immer etwas mehr Zeit für einen Weg einplanen. So hat man seltener Zeitdruck. Sollte man einmal zu spät zur Arbeit kommen, bietet man an, die Zeit nachzuarbeiten.

Was mache ich, wenn ich einen Fehler mache?

- Fehler sind menschlich. Eine Redewendung sagt: „Wo gehobelt wird, fallen Späne." Das heißt: Wer arbeitet, macht auch Fehler. Gerade Berufsanfänger oder neue Kollegen im Team müssen sich erst einmal orientieren. Da kann es leicht passieren, dass einem Fehler unterlaufen. Davor ist niemand geschützt.

- Wichtig ist es, den Fehler zuzugeben. Man sollte nicht nach Ausreden suchen oder unhöflich werden. Ganz schlimm ist es, seinen Fehler anderen in die Schuhe zu schieben – oder gar zu lügen. Viel besser ist es, zu seinen Fehlern zu stehen. Das zeigt Aufrichtigkeit und Mut. Also: Bei einem Fehler geht man zu seinem Chef und erzählt sofort davon. Man entschuldigt sich und fragt, wie man den Fehler wieder gut machen kann. Wer so ehrlich ist, macht einen sympathischen Eindruck und zeigt, dass er sich bemüht.

23 Den Arbeits-Knigge verstehen

Pünktlichkeit und Umgang mit eigenen Fehlern

➪ Es ist selbstverständlich, dass man versucht, Fehler zu vermeiden. Vor allem sollte man früh wichtige Dinge klären und immer wieder nachfragen. Man sollte keine Angst davor haben, Fragen zu stellen. Es ist nicht schlimm, wenn man noch nicht so gut Deutsch kann. Die anderen helfen gerne weiter.

Pünktlich zu sein, ist eine Form der Wertschätzung gegenüber anderen. Es gibt zwar keine „deutsche Pünktlichkeit“. Aber im Beruf ist Pünktlichkeit sehr wichtig. Es ist immer besser, etwas zu früh als zu spät zu einem Termin zu erscheinen. Sollte man sich verspäten, ist es höflich, die anderen zu informieren. Natürlich müssen versäumte Stunden nachgearbeitet werden.

Übersetzungshilfe – Translation guide – Aide à la traduction – دليل الترجمة – راهنماي ترجمه

das Klischee	cliché	le cliché	قالب	كليشه
die Manieren	manners	la manière	طريقة	روش
die Pünktlichkeit	punctuality	la ponctualité	المحافظة على المواعيد	وقت‌شناسی
die Tugend	virtue	la qualité indispensable	فضيلة	مزيت
die Umgangsform	behaviour code	les bonnes manières	طريقة التعامل	طرز رفتار
die Unklarheit	some thing you're not sure about	l'incertitude	عدم الوضوح	عدم شفافيت
die Verspätung	delay	le retard	تأخير	تاخير
die Wertschätzung	respect	l'estime	تقدير	تقدير

23 Den Arbeits-Knigge verstehen

Der richtige Umgangston am Arbeitsplatz

Wen darf ich duzen, wen muss ich siezen?

- In der deutschen Sprache gibt es zwei Anredeformen, das „Du“ und das „Sie“. Beide werden in unterschiedlichen Situationen benutzt. Das „Du“ ist vor allem bei Freunden und Verwandten okay. Das „Sie“ benutzt man in förmlichen Gesprächen, zum Beispiel mit dem Sachbearbeiter bei der Arbeitsagentur. Unbekannte werden immer gesiezt.
- Ob in einer Firma geduzt oder gesiezt wird, hängt von der Kultur in der Firma ab. In manchen Firmen wird kaum geduzt, in anderen Firmen duzen sich grundsätzlich alle.
- Oft ist es so, dass die Mitarbeiter die Chefinnen und Chefs siezen. Und untereinander duzen sich manche.
- Als Neuling sollte man immer siezen. Damit macht man nichts falsch. Als neuer Kollege oder neue Kollegin bietet man das „Du“ nicht von sich aus an. Das müssen diejenigen machen, die schon länger im Betrieb sind. Ansonsten gilt: Ältere bieten das „Du“ den Jüngeren an. Und der Mitarbeiter in einer höheren Position bietet das „Du“ den anderen Mitarbeitern an. Selbst wenn man sich gut mit dem Chef versteht: Man sollte immer warten, bis der Chef das „Du“ anregt. Ein „Du“ empfinden manche als zu vertraulich oder aufdringlich.

Wie begrüße ich meine Kollegen, wie meinen Chef und wie Kunden?

- Eine freundliche Begrüßung schafft eine angenehme Atmosphäre. Das ist wichtig für ein gutes Gespräch. Das gilt für ein Vorstellungsgespräch ebenso wie für ein Kundengespräch oder ein Treffen mit meinem Chef. Dafür gibt es einige Regeln:

  - Jeder im Raum wird begrüßt. Man wählt nicht nur einige aus.
  - Vorgesetzte grüßt man zuerst. Das Gleiche gilt für Kunden oder Geschäftspartner. Falls Frauen darunter sind, werden diese vor den Männern begrüßt.
  - Eine förmliche Begrüßung erfolgt mit einem Händeschütteln. Außerdem wird der Name des anderen genannt, zum Beispiel: „Guten Tag, Herr Müller“ oder „Guten Tag, Frau Selam“.
  - Man schaut seinem Gegenüber in die Augen und lächelt.
  - Hat man einen Namen nicht verstanden, darf man ruhig höflich nachfragen: „Entschuldigen Sie, jetzt habe ich Ihren Namen nicht richtig verstanden.“
  - Die Hände stecken nicht in der Hosentasche; bei der Begrüßung noch das Smartphone am Ohr zu haben, ist unhöflich.
  - Kennt man sich schon, darf man auch ein „Hallo“ oder „Guten Tag“ sagen, ohne den Namen anzuhängen. Hier ist auch ein Händedruck nicht unbedingt üblich.

23 Den Arbeits-Knigge verstehen

Der richtige Umgangston am Arbeitsplatz

Darf ich private Dinge am Arbeitsplatz erledigen?

⇨ Nein, in der Arbeitszeit muss man arbeiten. Das gilt auch für private Telefonate oder private Mails. Natürlich kann es einmal vorkommen, dass man dringend anrufen muss. Dann sollte man vorher den Vorgesetzten fragen. Niemand wird „Nein" sagen, wenn es dann und wann um ein Telefonat geht. Doch wenn das private Smartphone ständig klingelt und die Gespräche zu lang sind, kann es Ärger geben. Ebenso ist es nicht erlaubt, den halben Tag privat im Internet zu surfen. Dazu kann man seine Mittagspause nutzen.

Tipp: Die Kolleginnen und Kollegen helfen in der Regel gerne. Niemand nimmt es übel, wenn ein Neuling im Team nachfragt. Das zeigt Interesse. Zudem merken die anderen, dass man ihre Meinung und ihr Wissen schätzt.

Die wichtigsten Umgangsformen am Arbeitsplatz

Am Arbeitsplatz kommen viele Menschen zusammen. Daher ist ein bewusster Umgang miteinander wichtig.

Höflichkeit
Zuverlässigkeit
Respekt
Pünktlichkeit
Hilfsbereitschaft
Aufmerksamkeit
Rücksichtnahme

Übersetzungshilfe – Translation guide – Aide à la traduction – دليل الترجمة – راهنماي ترجمه

die Anredeform	form of address	la formule employée pour s'adresser à quelqu'un	شكل المخاطبة	شکل خطاب
duzen	use the „Du" form	le tutoiement	رفع التكلفة	«تو» گفتن
das Händeschütteln	handshake	serrer la main	مصافحة	دست دادن
der Neuling	newcomer	le nouveau, la nouvelle	الوافد	تازه کار
siezen	use the „Sie" form	le vouvoiement	خاطب بصيغة الاحترام	«شما» گفتن
die Umarmung	hug	l'embrassade	معانقة	بغل کردن
der Umgangston	way to behave	le ton (en s'adressant à quelqu'un)	سلوك	طرز صحبت

24 Kontakt und Terminplanung

Getting in touch and arranging appointments – Contact et prise de rendez-vous – الاتصال وتحديد الموعد – تماس و تنظیم ملاقات

Kontakt aufnehmen – Getting in touch – Prise de contact – التواصل – تماس گرفتن

Könnte ich bitte mit Herrn/Frau ... . sprechen?	Could I speak to Mr/Ms ..., please? Je pourrais parler à M./Mme ... s.v.p. ? هل يمكنني أن أتكلم مع السيد/ السيدة ... من فضلك؟ ممکن است لطفا با آقا/خانم ... صحبت کنم؟
Können Sie Herrn/Frau ... bitte sagen, dass ich angerufen habe?	Could you let Mr/Ms ... know that I called? Vous pourriez dire à M./Mme ... que j'ai appelé s.v.p. ? هل يمكن لحضرتك أن تعلم السيد/ السيدة ... أني اتصلت به/بها هاتفيا من فضلك؟ ممکن است لطفا به آقا/خانم ... بگویید که من تماس گرفته ام؟
Ich rufe wegen der Stellenaus-schreibung an.	I'm calling about the job advert. J'appelle au sujet de la proposition de poste. أهاتفك بسبب الإعلان عن الوظيفة. من درباره آگهی استخدام تماس می گیرم.
Ich interessiere mich für	I'm interested in ... . Je m'intéresse à ... . أنا اهتم بـ ... . من علاقمندم ... .
Könnten Sie mir bitte Informations-material schicken?	Could you send me some information? Vous pourriez m'envoyer une documentation informative s.v.p. ? هل يمكن لحضرتك أن ترسل لي موادا تتضمن معلومات من فضلك؟ ممکن است لطفا اطلاعات را برایم بفرستید؟

Verabschieden – Saying goodbye – Prendre congé – التوديع – خداحافظی

Danke, dass Sie sich Zeit für mich genommen haben.	Thanks for taking the time to speak to me. Merci de m'avoir consacré du temps. أشكر حضرتك لأنك خصصت لي وقتك. از اینکه وقتتان را به من دادید سپاسگزارم.
Sie können mich jederzeit anrufen.	You can call me any time. Vous pouvez m'appeler à toute heure. يمكن لحضرتك أن تتصل بي في أي وقت. شما می توانید هر لحظه به من زنگ بزنید.
Ich freue mich darauf, von Ihnen zu hören.	I look forward to hearing from you. Je serais content d'avoir de vos nouvelles. سأكون مسرورا لسماع أخبار عن حضرتك. خوشحال می شوم از شما خبر بگیرم.
Es hat mich gefreut, Sie kennenzu-lernen.	Nice to meet you. Je suis heureux d'avoir fait votre connaissance. سررت بمعرفة حضرتك. از آشنایی با شما خوشحال شدم.
Vielen Dank für das interessante Gespräch.	Many thanks for the interesting conversation. Merci pour l'entretien intéressant. با تشار از گفتگوی خوب و دلپذیر شما شكرًا لك على المقابلة المثيرة.

Bitten und entschuldigen – Making requests and apologizing – Formuler une demande et s'excuser – خواهش کردن و معذرت خواستن – الاعتذار / الرجاء

Es tut mir leid, dass ich Sie stören muss, aber ich bräuchte dringend … .	Sorry to bother you, but I urgently need … Je suis désolé de vous déranger mais j'ai besoin de toute urgence de … . آسف عن الإزعاج، لكني أحتاج بصفة مستعجلة لـ … . متاسفم که مزاحمتان می شوم ولی من بصورت اضطراری باید … .
Ich wollte mich dafür entschuldigen, dass ich den Termin verpasst habe.	I'd like to apologize for missing the interview. Je voulais m'excuser d'avoir raté le rendez-vous. أردت الإعتذار لأني فوّت المقابلة. من میخواستم بخاطر اینکه قرار ملاقات را از دست داده ام عذرخواهی کنم.
Entschuldigung, könnten Sie das wiederholen?	Sorry, could you repeat that? Pardon, vous pouvez répéter ? عذرا، هل يمكن لحضرتك أن تعيد؟ ببخشید، می توانید آنرا تکرار کنید؟
Könnten Sie mir einen Gefallen tun?	Could I ask you to do me a favour? Vous pourriez me rendre un service ? هل يمكن لحضرتك أن تسدي لي معروفا؟ ممکن است لطفی برایم انجام دهید؟
Könnten Sie mir zeigen, wie das funktioniert?	Could you show me how this works? Vous pourriez me montrer le fonctionnement de … ? هل يمكن لحضرتك أن ترني كيف أشغل هذا؟ ممکن است به من نشان دهید این چگونه کار می کند؟
Könnten Sie den Namen bitte buchstabieren?	Could you spell the name for me? Vous pourriez épeler ce nom s.v.p. ? هل يمكن لحضرتك أن تهجئ الاسم من فضلك؟ ممکن است لطفا نامها را هجی کنید؟
Ich bin krank, darum kann ich heute nicht zur Arbeit kommen.	I'm not well, so I can't come into work today. Je suis malade, je ne peux donc pas venir travailler aujourd'hui. أنا مريض لذلك لا يمكنني أن أذهب اليوم إلى العمل. من مریض هستم، به همین علت امروز نمی توانم به سر کار بیایم.

Termine – Appointments – Rendez-vous – قرارهای ملاقات – المواعيد

Ich möchte den Termin bestätigen.	I'd like to confirm the date/appointment. Je voudrai confirmer le rendez-vous. أريد أن أثبت الموعد. من میخواستم قرار ملاقات را تایید کنم.
Ich kann leider zu dem vereinbarten Termin am … nicht kommen.	I'm afraid I won't be able to attend my appointment on … . Je ne pourrais malheureusement pas venir au rendez-vous le … . للأسف لا أستطيع المجيء إلى الموعد المحدد لـ … . من متاسفانه نمی توانم به جلسه تنظیم شده در تاریخ … بیایم.
Ist es möglich, einen neuen Termin zu vereinbaren?	Would it be possible to arrange a new date? Est-il possible de convenir d'un autre rendez-vous ? هل من الممكن أن نحدد موعدا جديدا؟ آیا تنظیم یک قرار ملاقات جدید ممکن است؟
Wann würde es Ihnen passen?	When would suit you? Quelle date vous convient-elle ? ماهو الموعد الذي يناسب حضرتك؟ چه زمانی برای شما مناسب است؟
Ich möchte einen Termin mit Ihnen ausmachen.	I'd like to make an appointment with you. J'aimerais fixer un autre rendez-vous avec vous. أريد أن اتفق معك على موعد. میخواستم یک قرار ملاقات با شما تنظیم کنم.

25 Bewerbung

Applying for a position – Candidature – طلب التقدم إلو الوظيفة – تقاضای کار

Vor der Bewerbung – Before you apply – Avant la candidature – قبل طلب التقدم إلى الوظيفة – پیش از تقاضا

Gibt es freie Stellen in Ihrem Unterneh-men?	Does your company have any vacancies? Il y a des postes libres dans votre entreprise ? هل توجد وظائف شاغرة في شركتكم؟ آیا موقعیتهای شغلی در شرکت شما وجود دارد؟
Was für Personal suchen Sie?	What sort of positions are you looking to fill ? Vous recherchez quel type de personnel? ماهو العامل الذين تبحثون عنه؟ شما در جستجوی چه نوع افرادی هستید؟
Bis wann muss ich die Bewerbung einrei-chen?	What is the deadline for applications? Quelle est la date limite pour poser ma candidature ? ماهو آخر أجل لتقديم طلب التقدم إلى الوظيفة؟ تا چه زمانی باید تقاضایم را بفرستم؟
Welche Unterlagen soll ich schicken?	What kind of employment references are you looking for? Quels sont les certificats de travail importants ? ماهي شهادات العمل المهمة؟ چه نوع گواهینامه های شغلی مهم هستند؟
Könnten Sie mir etwas über die Stelle erzählen?	Could you tell me a bit more about the job? Pourriez-vous me donner plus de détails concernant ce poste ? هل يمكن لحضرتك أن تقدم لي معلومات إضافية حول الوظيفة؟ ممکن است جزئیات بیشتری را درباره موقعیت شغلی بدهید؟
Ich möchte gerne Teilzeit arbeiten. Gibt es da Möglichkeiten?	I'd like to work part-time. Is that an option? J'aimerais pouvoir travailler à mi-temps. Est-ce possible ? أنا بكل سرور راغب في العمل بدوام جزئي. أهناك مثل هذه الفرص؟ من با کمال میل مایلم بصورت پاره وقت کار کنم. آیا آنجا چنین فرصتهایی وجود دارد؟
Könnten wir einen Termin für ein Vorstel-lungsgespräch vereinbaren?	Could we arrange a date for an interview? Pourrions-nous fixer un rendez-vous pour un entretien d'embauche ? هل يمكن أن نحدد موعدا لمقابلة؟ می توانیم یک قرار ملاقات برای مصاحبه تنظیم کنیم؟
Ein Studium ist (keine) Voraussetzung für diese Stelle.	A university degree is (isn't) a requirement for this position. Pour ce poste, avoir fait des études est/n'est pas une condi-tion. الدراسة الجامعية شرط أساسي لهذه الوظيفة/ الدراسة الجامعية ليست شرطا أساسيا لهذه الوظيفة. داشتن تحصیلات، پیش نیاز این موقعیت شغلی است (نیست).

Bewerbung – Applying for a position – Candidature – طلب التقدم الي الوظيفة – تقاضای کار

Ich habe Ihre Anzeige in ... gelesen und bewerbe mich um die Stelle als	I read your advert in ... and am applying for the position of ... . J'ai lu votre annonce sur/dans ... et postule pour le poste de ... . لقد قرأت الإعلان في ... لذا أتقدم الآن بطلب الوظيفة ك ... . من آگهی شما را در ... خوانده ام و برای این فرصت شغلی بعنوان ... درخواست می کنم.
Ich habe gelesen, dass Sie neue Mitarbei-ter suchen.	I read that you are looking to recruit. J'ai lu que vous recherchez de nouveaux collaborateurs. لقد قرأت أنكم تبحثون عن عمال جدد. من خوانده ام که شما در جستجوی همکار جدید هستید.

Im Anhang (oder: Als Anlage) schicke ich Ihnen meine Bewerbungsunterlagen.	I am attaching the relevant documents in support of my application. Je vous envoie mon dossier de candidature en document attaché. في المرفق تجدون وثائق طلب التقدم إلى الوظيفة. به پیوست (یا: بعنوان پیوست) تقاضای خود را برای شما می فرستم.
Ich habe früher bei ... gearbeitet. Darum habe ich Erfahrung in/mit	I have previously worked for ... , so I have experience in/ with ... . J'ai déjà travaillé pour/chez ... . J'ai donc l'expérience de/ avec ... . عملت في السابق لدى ... لهذا السبب عندي خبرة في مجال ... . من قبلا در ... کار کرده ام. به همین دلیل من در زمینه ... تجربه دارم.
Ich spreche die Sprachen	I speak ... ./Je parle les langues suivantes ... . من به زبانهای ... صحبت می کنم. / أنا أتكلم اللغات... .
Ich kann gut mit Computern umgehen.	I'm used to working with computers. Je sais très bien me servir d'un ordinateur. أستطيع أن أتعامل مع الحاسوب بشكل جيد. من می توانم خیلی خوب با کامپیوتر کار کنم.
Ich bin handwerklich begabt.	I'm good with my hands. J'ai du talent pour toutes les aptitudes manuelles. أنا موهوب في الأعمال اليدوية. من از نظر مهارتهای دستی، با استعداد هستم.

Vorstellungsgespräch – Interview – Entretien d'embauche – مقابلة التوظيف – مصاحبه شغلی

Mögliche Fragen des Bewerbers – Questions that might be asked by the applicant – Éventuelles questions du postulant – پرسشهای احتمالی متقاضی - الأسئلة التي يمكن أن يطرحها المتقدم	
Wie lange dauert die Probezeit?	How long is the probation period? La période d'essai dure combien de temps ? كم تدوم فترة الاختبار؟ دوره آزمایشی چقدر طول می کشد؟
Wie sieht ein normaler Arbeitstag aus?	What's a normal working day like? Comment se déroule normalement une journée de travail ? هل يمكن لحضرتك وصف سير يوم العمل العادي؟ یک روز کاری عادی چگونه است؟
Wie viele Personen arbeiten in dieser Abteilung?	How many people work in this department? Combien de personnes travaillent dans ce service ? كم من شخص يشتغل في هذا القسم؟ در این بخش چند نفر کار می کنند؟
Wann kann ich ungefähr mit einer Entscheidung rechnen?	Approximately when can I expect a decision? À quelle date approximative vais-je recevoir une décision? حدوداً چه زمانی باید منتظر تصمیمگیری شما باشم؟ متي يمكنني توقع صدور قرار؟
Gibt es eine zweite Vorstellungsrunde?	Is there a second round of interviews? Est-on convoqué une deuxième fois à l'entretien d'embauche ? هل هناك مقابلة التوظيف ثانية؟ آیا مصاحبه دومی هم وجود دارد؟
Wie werden meine Aufgaben gewichtet sein?	How will my tasks be weighted? Comment mes tâches seront-elles déterminées? كيف تُقدر واجباتي؟ ارهای من چگونه الویتبندی میشوند؟
Wie sind die Arbeitszeiten?	What are the hours? Quels sont les horaires de travail ? كيف هي أوقات العمل؟ ساعات کاری چگونه است؟

Wie würde meine Einarbeitung verlaufen?	What would my induction be like? Comment se déroulera ma période d'initiation? كيف يتم التدريب الخاص بي؟ دورهٔ آشنایی با ار چگونه خواهد بود؟
Aus welchem Grund wird die Stelle neu besetzt?	Why is the position being made available? Pour quelle raison le poste est-il à pourvoir? ما هو سبب شغل هذه الوظيفة بشكل جديد؟ به چه دلیل برای این شغل به ارمند جدیدی نیاز است؟
Welche konkreten Projekte stehen in der nächsten Zeit an?	Why is the position being made available? Quels projets spécifiques sont prévus dans un avenir proche? ما هي المشروعات الفعلية المقبلة في الفترة القادمة؟ به طور مشخص چه برنامههایی برای آینده در نظر گرفته شدهاند؟
In welchen Abteilungen wird ein Auszubildender bei Ihnen eingesetzt?	Which departments will a trainee be assigned to at your company? Dans quels services engagez-vous un apprenti? ما هي الأقسام التي يتم فيها تشغيل المتدربين لديكم؟ ارآموز دورهآموزشی در دام بخش مشغول به ار خواهد شد؟
Mögliche Fragen des Arbeitgebers – Questions that might be asked by the employer – Éventuelles questions de l'employeur – الأسئلة التي يمكن أن يطرحها صاحب العمل – پرسشهای احتمالی کارفرما	
Woher kommen Sie?	Where are you from? Vous venez d'où ? من أين حضرتك؟ اهل کجا هستید؟
Wo haben Sie früher gearbeitet?	Where have you worked previously? Où avez-vous auparavant travaillé ? أين اشتغلت في السابق؟ شما قبلا کجا کار کرده اید؟
Wie würden Sie sich selbst beschreiben?	How would you describe yourself? Si vous deviez vous décrire, que diriez-vous ? كيف تريد أن تعرف بنفسك؟ خودتان را چگونه توصیف می کنید؟
Was sind Ihre Schwächen?	What are your weaknesses? Quelles sont vos faiblesses? ما هي نقاط ضعفك؟ نقاط ضعف شما دامند؟
Was sind Ihre beruflichen Ziele?	What are your career goals? Quels sont vos objectifs professionnels ? ماهي الأهداف المهنية لحضرتك؟ اهداف شغلی شما چیست؟
Welche Fähigkeiten für diese Stelle bringen Sie mit?	What skills would you bring to this job? De quelles aptitudes faites-vous preuve pour ce poste ? ماهي القدرات التي ستجلبها حضرتك لهذه الوظيفة؟ شما برای این موقعیت شغلی، چه تواناییهایی را با خود می آورید؟
Wie sind Sie auf unser Unternehmen gekommen?	How did you find out about our company? Comment avez-vous découvert notre entreprise ? كيف توصلت حضرتك لشركتنا؟ شرکت ما را چگونه پیدا کرده اید؟
Wie sind Ihre Gehaltsvorstellungen?	What are your salary expectations? Quelles sont vos prétentions salariales ? ماهو تصور حضرتك للراتب؟ انتظارات شما در زمینه حقوق چیست؟
Haben Sie eine Arbeitserlaubnis?	Do you have a work permit? Avez-vous vous un permis de travail ? هل لدى حضرتك تصريح عمل؟ آیا شما اجازه کار دارید؟

26 Ausbildung

Traineeships/apprenticeships – Formation – التدريب المهني – آموزش

Sich über die Ausbildung informieren – To find out about doing a traineeship – Se renseigner sur la formation – أخذ معلومات حول التدريب المهني – گرفتن اطلاعات درباره آموزش

Welche Voraussetzungen brauche ich dafür?	What requirements must I meet for it? Quelles conditions dois-je remplir pour cela ? ماهي الشروط التي أحتاجها؟ برای این منظور چه پیش نیازهایی لازم دارم؟
Wie ist die Ausbildung aufgebaut?	How is the traineeship/apprenticeship structured? Comment la formation est-elle organisée ? ماهي ماهي خطة التدريب؟ ساختار آموزش چگونه است؟
Muss ich mich bei der Firma bewerben?	Do I have to apply to the company? Dois-je poser ma candidature auprès de l'entreprise ? هل يجب أن أقدم طلبا لدى الشركة؟ آیا باید در شرکت نام نویسی کنم؟
Muss ich auch eine Berufsschule aussuchen oder ist sie festgelegt?	Do I also have to find a vocational college or is one designated? Pour l'école professionnelle, je dois en chercher une ou est-elle déjà sélectionnée ? هل يجب أن أبحث عن مدرسة مهنية أم هي محددة؟ آیا من باید یک مدرسه حرفه ای نیز انتخاب کنم یا تعیین شده است؟
Ist es eine schulische oder duale Ausbildung?	Will the training be entirely college-based or will part of it be in a company? Il s'agit d'une formation scolaire ou bien en alternance (pratique/théorique) ? هل الأمر يتعلق بتعليم مدرسي أم بتدريب مزدوج؟ آن یک آموزش مدرسه ای یا آموزش دوگانه است؟
Wie lange dauert die Ausbildung?	How long will the traineeship/apprenticeship last? La formation dure combien de temps ? ماهي مدة التدريب المهني؟ آموزش چقدر طول می کشد؟
Kann ich mir einen Teil meiner Ausbildung anrechnen lassen?	Can part of the training I have already done count towards my traineeship/apprenticeship? Est-ce que je peux faire valoir une partie de ma propre formation ? هل يمكن أن أعادل جزءا من تدريبي المهني؟ آیا ممکن است بخشی از آموزشهای قبلی من در نظر گرفته شود؟
Ist mein Abschluss in Deutschland gleichwertig?	Is my qualification fully recognized in Germany? Mon diplôme de fin d'études est-il reconnu en Allemagne ? هل لمؤهل دراستي نفس القيمة في ألمانيا؟ آیا مدرک تحصیلی من در آلمان دارای همان ارزش است؟
In meinem Heimatland habe ich als ... gearbeitet. Gibt es dafür einen Ausbildungsberuf in Deutschland?	In my home country, I worked as a ... . Is there an equivalent skilled occupation in Germany? Dans mon pays, j'ai travaillé comme ... Existe-t-il ce type de formation sanctionné par un diplôme en Allemagne ? عملت في بلدي ك ... . هل توجد في ألمانيا مهنة في هذا المجال تحتاج الي تدريب المهني؟ در کشور خودم من بعنوان ... کار کرده ام. آیا در آلمان در این زمینه شغلی وجود دارد که آموزش لازم داشته باشد؟

Berufsfelder für eine Ausbildung (mit Beispiel für einen Beruf)
Types of work requiring a traineeship/an apprenticeship (with example of a typical occupation)
Secteurs de formations (avec exemple de profession)
حوزه های شغلی برای یک دوره آموزشی (با مثالی برای هر شغل) – مجالات العمل والتدريب المهني (مع مثال لمهنة)

Tourismus (z. B. Fremdenführer/-in) Tourism (e. g. tour guide) Tourisme (par ex. guide) السياحة (مثال مرشد سياحي) گردشگری (مثلا راهنمای تور)	Kunst (z. B. Museumsangestellte/-r) Arts (e. g. museum worker) Beaux-Arts (par ex. gardien de musée) الفن (مثال موظف في متحف) هنر (مثلا کارمند موزه)
Gastronomie (z. B. Koch/Köchin oder Bäcke/-in) Catering (e. g. chef or baker) Gastronomie (par ex. cuisinier ou boulanger) المطاعم (مثال طباخ أو خباز) تهیه غذا (مثلا آشپز یا نانوا)	Gestaltung (z. B. Grafikdesigner/-in) Design (e. g. graphic designer) Arts créatifs (par ex. concepteur-dessinateur) التصميم (مثال مهندس الجرافيك) طراحی (مثلا طراح گرافیک)
Sprache (z. B. Fremdsprachenkorrespondent/-in) Languages (e. g. multilingual secretary) Langues (par ex. secrétaire bilingue ou trilingue) اللغة (مثال سكرتير مراسلات باللغات الأجنبية) زبان (مثلا کارمند مکاتبات خارجی)	Pflege (z. B. Altenpfleger/-in) Nursing (e. g. geriatric nurse) Soins en gérontologie (par ex. assistant de soins) الرعاية (مثال رعاية المسنين) مراقبت (مثلا نگهدار سالمندان)
Kultur (z. B. Schauspieler/-in) Culture (e. g. actor) Culture (par ex. acteur) الثقافة (مثال ممثل) فرهنگ (مثلا بازیگر)	Bildung und Erziehung (z. B. Erzieher/-in) Education (e. g. kindergarten teacher) Education (par ex. assistant école maternelle) التربية (مثال مربي في روضة أطفال) تربیت (کارمند مهد کودک)
Gesundheit (z. B. Arzthelfer/-in) Health (e. g. doctor's receptionist) Santé (par ex. secrétaire médical) الصحة (مثال مساعد طبيب) بهداشت (مثلا دستیار پزشک)	Gewerblich-technische Dienstleistung (z. B. Friseur/-in) Skilled service sector trades (e. g. hairdresser) Tertiaire technico-commercial (par ex. coiffeur) قطاع الخدمات المهنية والتقنية (مثال حلاق) خدمات تجاری-فنی (مثلا آرایشگر)
Soziales (z. B. Sozialhelfer/-in) Social welfare (e. g. social worker) Domaine social (par ex. assistant social) الشؤون الاجتماعية (مثال مرشد اجتماعي) امور اجتماعی (مثلا مددکار اجتماعی)	Verwaltung (z. B. Bürokaufmann/-frau) Administration (e. g. office clerk) Administration et gestion (par ex. assistant commercial) الإدارة (مثال سكرتير) اداری (مثلا کارمند اداره)
Kaufmännische Dienstleistung (z. B. Großhandelskaufmann/-frau) Commercial services (e. g. wholesaler) Tertiaire commercial (par ex. marchand en gros) قطاع الخدمات التجارية (مثال تاجر في التجارة بالجملة) خدمات تجاری (مثلا عمده فروش)	Rohstoffgewinnung (z. B. Bergbautechnologe/-technologin) Mining (e. g. mining technician) Production de matières premières (par ex. technicien minier) استخراج المعادن (مثال تقني في التعدين) استخراج مواد خام (مثلا کارشناس معدن)
Hotel (z. B. Hotelangestellte/-r) Hotel trade (e.g. hotel worker) Hôtellerie (par ex. employé dans un hôtel) الفندق (مثال موظف بفندق) هتل (مثلا کارمند هتل)	Labor (z. B. Laborassistent/-in) Laboratories (e. g. lab assistant) Laboratoires (par ex. technicien de laboratoire) المختبر (مثال مساعد مختبر) آزمایشگاه (مثلا دستیار آزمایشگاه)
Sport (z. B. Tanzlehrer/-in) Sport (e. g. dance teacher) Sport (par ex. professeur de danse) الرياضة (مثال معلم رقص) ورزش (مثلا معلم رقص)	Logistik (z. B. Lagerist/-in) Logistics (e. g. warehouse clerk) Logistique (par ex. magasinier) اللوجستية (مثال أمين مستودع) لجستیک (مثلا انباردار)

IT (z. B. IT-Systemkaufmann/-frau) IT (e. g. IT systems management assistant) Informatique (par ex. technicien de gestion informatique) تقنية المعلومات (مثال مختص في نظام تقنية المعلومات) IT (مثلا فروشنده سیستمهای IT)	Verkehr (z. B. Busfahrer/-in) Transport (e. g. bus driver) Transports (par ex. chauffeur de bus) النقل (مثال سائق حافلة) حمل و نقل (مثلا راننده اتوبوس)
Bauwesen (z. B. Fliesenleger/-in, Dachdecker/-in) Construction (e. g. tiler, bricklayer or roofer) Secteur BTP (par ex. carreleur, maçon ou couvreur) الهندسة المدنية (مثال عامل السيراميك، بناء أو عامل مختص بالأسطح) ساخت و ساز (مثلا کاشی کار، آجر کار یا پشت بام کار)	Schutz (z. B. Polizist/-in) Law and order (e. g. police officer) Protection des personnes (par ex. policier) الأمن (مثال شرطي) حفاظت (مثلا پلیس)
Gebäudetechnik (z. B. Heizungsmonteur/-in) Building services engineering (e. g. heating engineer) Ingénierie et installations (par ex. chauffagiste) تكنولوجيا المباني (مثال فني تدفئة) فن آوری ساختمان (مثلا مونتاژ کار سیستم گرمایش)	Elektronik (z. B. Elektriker/-in) Electronics (e. g. electrician) Electronique (par ex. électricien) الهندسة الإلكترونية (مثال كهربائي) الکترونیک (مثلا برقکار)
Land- und Forstwirtschaft (z. B. Florist/-in, Forstwirt/-in) Agriculture and forestry (e. g. florist, skilled forestry worker) Agriculture et sylviculture (par ex. fleuriste, agent forestier) قطاع الزراعة وإدارة الغابات (مثال بائع زهور أو عامل مختص في إدارة الغابات) کشاورزی و جنگلداری (مثلا گلکار یا جنگلدار)	Architektur (z. B. Bauzeichner/-in) Architecture (e. g. draughtsman) Architecture (par ex. dessinateur en bâtiment) هندسة البناء (مثال مصمم مباني) معماری (مثلا نقشه کش ساختمان)
Banken (z. B. Bankkaufmann/-frau) Banking (e. g. bank clerk) Secteur bancaire (par ex. assistant bancaire) المصرف (مثال مصرفي) بانکداری (مثلا کارمند بانک)	Versorgungstechnik (z. B. Reinigungskraft) Facilities and services planning (e. g. cleaner) Nettoyage et entretien (par ex. agent d'entretien) تكنولوجيا وتهيئ المباني (مثال عامل نظافة) فن آوری نگهداری (مثلا تمیز کننده)
Maschinenbau (z. B. KFZ-Mechaniker/-in) Mechanical engineering (e.g. car mechanic) Construction mécanique (par ex. mécanicie automobile) الهندسة الميكانيكيّة (مثال ميكانيكي سيارات) مهندسی مکانیک (مثلا مکانیک اتومبیل)	Medien (z. B. Medienkaufmann/-frau) media (e. g. media business management assistant) média (par. ex. publicitaire) وسائل الإعلام (تاجرة) رسانه‌ها (تاجر)

Tipp: Auf https://www.ausbildung.de/berufe/glossar/ sind alle konkreten Ausbildungsberufe inklusive Berufsbeschreibung, Gehalt und freien Stellen aufgelistet.

27 Beruf

Occupation – Profession – المهنة – شغل

Fragen nach beruflichen Tätigkeiten und zum Unternehmen – Questions about your occupation and company – Questions sur les activités professionnelles et l'entreprise – أسئلة حول الوظيفة وحول الشركة – پرسشهای مربوط به فعالیتهای شغلی و شرکت

Was machen Sie beruflich?	What do you do (for a living)? Quelle est votre profession/métier ? ماهي وظيفة حضرتك؟ شغل شما چیست؟
In welchem Unternehmen arbeiten Sie?	Which company do you work for? Vous travaillez dans quelle entreprise ? أين تعمل حضرتك؟ در کدام شرکت کار می کنید؟
Welche Stellung nehmen Sie in der Firma ein?	What role do you have in the company? Quel poste occupez-vous dans l'entreprise ? ماهي الوظيفة التي تضطلع بها حضرتك؟ سِمَت شما در شرکت چیست؟
Wie sind Sie dazu gekommen?	How did you come to work there? Comment avez-vous fait pour l'obtenir ? كيف وصلت حضرتك لهذه الوظيفة؟ شما چطور به این سِمَت رسیدید؟

Selbstpräsentation – Telling people about yourself – Se présenter – التعريف بالنفس – معرفی خود

Ich habe meinen Abschluss in ... gemacht.	I have a qualification in ... . J'ai passé mon examen de fin d'études en ... . لدي مؤهل في ... . من مدرک خود را در ... گرفته ام.
Ich habe ... studiert.	I studied ... ./J'ai fait des études de ... . من ... خوانده ام. / درست ... .
Ich habe eine Ausbildung als ... gemacht.	I did a traineeship/an apprenticeship as a ... . J'ai fait une formation de ... . قمت بتدريب مهني ك ... . من یک دوره آموزشی با عنوان ... گذرانده ام.
Ich habe ein Praktikum bei ... gemacht.	I did a work placement at ... . J'ai fait un stage dans/chez ... . قمت بتدريب عملي عند ... . من یک دوره کارآموزی را در ... گذرانده ام.
Zu meinen Aufgaben gehört	My duties include ... . font partie de mes compétences. الوظائف التي اضطلعت بها هي ... . وظایف من عبارتند از ... .
Ich habe für ... gearbeitet.	I have worked for ... . J'ai travaillé pour ... . عملت لدى ... . من برای ... کار کرده ام.
Sie können mich unter der Telefonnummer ... errei-chen.	You can reach me on this number: ... . Vous pouvez me joindre au numéro de téléphone suivant ... . يمكن لحضرتك أن تتصل بي على الرقم ... . شما می توانید با شماره تلفن ... با من تماس بگیرید.

In meinem Heimatland habe ich als ... gearbeitet.	I worked as a ... in my home country. Dans mon pays, j'ai travaillé comme ... . عملت في بلدي ك... . در کشور خودم من بعنوان ... کار کرده ام.
Meine Arbeit ist interessant/langweilig/leicht/schwierig.	My work is interesting/boring/easy/difficult. Mon travail est intéressant/ennuyeux/facile/difficile. عملي مهم/ ممل/ سهل/ صعب. کار من جالب / کسل کننده / سبک / سخت است.
Ich verdiene ... Euro im Monat.	I earn ... euros a month. Je gagne ... euros par mois. أقبض في الشهر ... يورو. من در ماه .... یورو حقوق می گیرم
Ich möchte eine Umschulung machen.	I'd like to retrain. Je voudrais me recycler. أريد أن أقوم بتأهيل. من میخواهم دوباره آموزش ببینم.
Ich arbeite ganztags/halbtags/stundenweise.	I work full-time/part-time/by the hour. Je travaille à plein temps/à mi-temps/sur une base horaire. أعمل كامل اليوم / نصف اليوم / لبضع ساعات. من بصورت تمام روز / نصف روز / ساعتی کار می کنم.

Vertrag – Contract – Contrat – العقد – قرارداد

Könnten wir über die Vertragsbedingungen sprechen?	Can we discuss the contract? Pouvons-nous aborder les conditions du contrat ? هل يمكن أن نتحدث عن شروط العقد؟ می توانیم درباره شرایط قرارداد صحبت کنیم؟
Gibt es irgendwelche Vergünstigungen bei diesem Job?	Does this job have any perks? Est-ce que certains avantages sont compris dans cet emploi ? هل هناك امتيازات لهذا العمل؟ آیا مزایای ویژه ای در این شغل وجود دارد؟
Wie lange dauert die Probezeit?	How long is the probation period? La période d'essai dure combien de temps ? كم تدوم مدة الاختبار؟ دوره آزمایشی چقدر طول می کشد؟
Wie viele Urlaubstage habe ich?	How much holiday do I get? J'ai droit à combien de jours de congé ? كم لدي من يوم عطلة؟ من چند روز مرخصی دارم؟
Meine Gehaltsvorstellung liegt bei ... Euro.	My salary expectations are in the region of ... euros. Mes prétentions salariales se montent à ... euros. أتصور أن راتبي سيكون حوالي ... يورو. حقوق مورد انتظار من ... یورو است.
Wie sieht die Überstundenregelung aus?	What are the overtime rules? Est-ce que des formations continues et permanentes sont prévues? كيف يتم تنظيم الساعات الإضافية؟ مقررات مربوط به اضافهاری دامند؟
Sind Fort- und Weiterbildungen vorgesehen?	Will there be further training and professional development? Est-ce qu'un médiateur linguistique pourrait m'aider? هل من المقرر إجراء تدريبات تكميلية أو ارتقائية؟ آیا دورههای آموزش تمیلی و ضمن خدمت نیز ارائه میشود؟

28 Behördengänge und allgemeine Information

Dealing with the authorities and general information – Démarches administratives et infos générales – الوصول إلى الدوائر ومعلومات عامة – مراجعه به نهادهای قانونی و اطلاعات عمومی

Ich habe eine Frage zu … . An welches Amt muss ich mich wenden?	I have a question about … . Which authority do I need to contact? J'ai une question concernant … . A quel service dois-je m'adresser ? لدي سؤال حول … . ماهي الدائرة التي أتوجه إليها؟ من سوالی درباره … . دارم. به کدام اداره باید مراجعه کنم؟
Welche Unterlagen benötige ich dafür?	What documents do I need for that? Quel type de documents dois-je produire pour cela ? ماهي الوثائق التي أحتاجها لهذا الغرض؟ برای این منظور، چه مدارکی لازم دارم؟
In welcher Branche gibt es viele freie Stellen?	Which industry are there lots of jobs in? Dans quel secteur ya-t-il des postes vacants ? في أي القطاعات توجد عدة وظائف شاغرة؟ در کدام زمینه، موقعیتهای شغلی زیادی وجود دارد؟
Ich möchte mich über Ausbildungsberufe/Berufsfelder informieren.	I'd like to find out about occupations that require a traineeship or apprenticeship/different types of work. Je voudrais me renseigner sur des formations diplômées/des secteurs d'activités. أريد أخذ معلومات حول مهن التدريب المهني/ مجالات العمل؟ من میخواهم درباره شغلهایی که به آموزش نیاز دارند و زمینه های شغلی، اطلاعات بگیرم.
Ich möchte eine Arbeitserlaubnis beantragen.	I'd like to apply for a work permit. Je voudrais faire une demande de permis de travail. أريد أن أقدم طلبا للحصول على تصريح العمل؟ من میخواهم برای اجازه کار درخواست کنم.
Ich möchte meinen Abschluss anerkennen lassen.	I'd like to get my qualification recognized. Je voudrais faire reconnaître mes diplômes. أريد أن أنفذ مؤهلي الدراسي من میخواهم مدرک تحصیلی ام را تایید کنم.
Ich möchte einen Deutschkurs machen.	I'd like to do a German course. Je voudrais suivre un cours d'allemand. أريد أن أشارك صف تعلم اللغة الألمانية. من میخواهم در دوره زبان آلمانی شرکت کنم.
Ich suche eine Schule für meine Kinder.	I'm looking for a school for my children. Je cherche un établissement scolaire pour mes enfants. أبحث عن مدرسة لأطفالي. من به دنبال یک مدرسه برای بچه هایم هستم.
Ich möchte Sozialhilfe beantragen.	I'd like to apply for benefit. Je voudrais faire une demande d'aide sociale. أريد أن أقدم طلبا للحصول على مساعدة اجتماعية. من میخواهم برای کمکهای اجتماعی تقاضا کنم.
Ich suche eine Kinderbetreuung.	I am looking for childcare. Je cherche une solution de garde d'enfant. أبحث عن رعاية للأطفال. من در جستجوی امان برای مراقبت از ود هستم.

29 Hilfe suchen

Getting help – Se faire aider – البحث عن مساعدة – جستجوی کمک

Ich brauche Hilfe bei meiner Bewerbung/der Stellensuche/einigen Formularen/dem Antrag für eine Arbeitserlaubnis/dem Antrag auf Sozialhilfe/meinem Asylverfahren/der Versicherung.	I need some help with my application/finding a job/some forms/applying for a work permit/applying for benefit/my asylum procedure/the insurance. J'ai besoin d'aide pour ma candidature/recherche d'emploi/pour remplir quelques formulaires/pour ma demande de permis de travail/ma demande d'aide sociale/ma demande de droit d'asyle/mes assurances. أحتاج إلى مساعدة / في طلب التقدم إلى وظيفة / للبحث عن وظيفة / لتعبئة بعض الاستمارات / لتقديم طلب الحصول على تصريح عمل / لتقديم طلب الحصول على مساعدة اجتماعية / في سير معاملة اللجوء / في التأمين. من درباره تقاضای کارم / جستجوی موقعیت شغلی / بعضی فرمها / تقاضا برای اجازه کار / تقاضا برای کمکهای اجتماعی / مراحل اینگی پناهندگی ام / بیمه به کمک نیاز دارم.
Könnten Sie mir beim Ausfüllen der Formulare helfen?	Could you help me fill out the forms? Vous pourriez m'aider à remplir les formulaires ? هل يمكن لحضرتك أن تساعدني على لتعبئة الاستمارات؟ ممکن است در پر کردن فرمها به من کمک کنید؟
Gibt es eine Übersetzung von diesem Formular?	Is there a translation of this form? Il existe une traduction de ce formulaire ? هل هناك ترجمة لهذه الاستمارات؟ آیا ترجمه ای از این فرم وجود دارد؟
Haben Sie ein Musterformular?	Do you have a model form? Vous avez un formulaire-modèle ? هل لدى حضرتك نموذج لاستمارة؟ آیا یک فرم نمونه دارید؟
Ich verstehe das leider nicht.	I'm afraid I don't understand. Désolé, je ne comprends pas ça. للأسف، أنا لا أفهم هذا الأمر. متاسفانه من از این سر در نمی آورم.
Wissen Sie, wer mir dabei helfen könnte?	Do you know who could help me? Pouvez-vous m'indiquer quelqu'un en mesure de m'aider ? أتعرف حضرتك من يمكن أن يساعدني؟ آیا می دانید چه کسی می تواند در این زمینه به من کمک کند؟
Gibt es jemanden hier im Haus, der meine Sprache versteht und mir helfen könnte?	Is there anyone here who speaks my language and can help me? Est-ce qu'il y a ici dans l'immeuble quelqu'un qui parle ma langue et qui puisse m'aider ? هل هناك من يتكلم لغتي ويمكن أن يساعدني؟ آیا در اینجا کسی هست که زبان من را بفهمد و بتواند به من کمک کند؟
Könnte mir vielleicht ein Sprachmittler helfen?	Could a language mediator perhaps help me? Est-ce qu'un médiateur linguistique pourrait m'aider? هل يمكن أن يساعدني مترجمٌ؟ آیا ممن است برای م به متقاضی، مترجم همزمان در اختیار او بگذارید؟

Bildquellenverzeichnis

fotolia.com: S. 6.3, 37.1, 42.3 (contrastwerkstatt), 7.1, 10.2, 18.2, 26.1, 45.2, 68.2 (Robert Kneschke), 8.2, 36.1 (JiSign), 9.1, 12.2, 24.1, 24.2, 24.4 (industrieblick), 10.1 (auremar), 10.3 (klickerminth), 10.4, 61.1 (goodluz), 11.1 (Quade), 13.1, 14.2 (ehrenberg-bilder), 16.1 (Karl-Heinz H), 16.2, 62.2 (Kzenon), 16.3 (RioPatuca Images), 17.1 (Photographee.eu), 18.3 (pressmaster), 19.1 (Björn Wylezich), 20.1 (konstantant), 20.3 (uzkiland), 22.1, 32.1, 42.2, 50.1 (Gina Sanders), 22.2 (Rawpixel.com), 22.3 (RRF), 24.3 (Monkey Business), 26.3 (Alexander Raths), 27.1 (Erwin Wodicka), 28.1 (chagin), 28.2 (Gajus), 28.3, 40.4, 41.1, 44.4, 54.1, 56.1 (dessauer), 30.1 (Rido), 30.2 (Picture-Factory), 31.1 (beawolf), 32.2 (Adam Gregor), 32.3 (Syda Productions), 32.4, 33.3 (J.M.), 33.1 (stockphoto-graf), 33.2 (nezezon), 34.1 (bluedesign), 34.3 (magele-pictures), 36.2 (Gulien Diavel), 38.1 (photocrew), 38.2 (mirpic), 38.3, 39.6, (Eisenhans), 39.1 (Jürgen Effner), 39.2 (envfx), 39.3 (den-belitsky), 39.4 (lumen-digital), 39.5 (Scanrail), 40.2 (DOC RABE Media), 42.1, 46.1, 52.1, 59.1 (Trueffelpix), 43.1 (fovito), 43.2 (zerofoto), 44.2 (VRD), 44.3 (Ilhedgehogll), 45.1 (guruXOX), 45.3 (and.one), 46.2 (StudioLaMagica), 47.2 (Peter Atkins), 47.3, (schinsilord), 48.1 (novotrader), 50.2 (kamasigns), 51.1 (kartoxjim), 51.2 (cunico), 51.3 (reneberger123), 52.3 (Jamrooferpix), 54.2 (HaDeVau), 55.2 (michael spring), 60.2 (Andrey Kuzmin), 62.1 (Felix Pergande), 66.1 (Stillfx), 66.2 (vladimirfloyd), 68.1 (UBER IMAGES), 69.1 (frenky362)

istockphoto.com: S. 6.1 (vadimguzhwa), 8.1 (Wavebreak), 12.1 (Steve Debenporth), 12.3 (Terry J. Alcorn), 14.1 (mediaphotos), 18.1 (sturti), 20.2 (michaeljung), 34.4 (sturti), 44.4 (kupicoo), 47.1 (KatarzynaBialasiewicz), 60.3 (skynesher), 62.3 (sturti), 64.2 (woolzian)

Panther Media GmbH, München: S. 58.2 (Kzenon)

Picture-Alliance GmbH, Hamburg: S. 21.1, 25.1 (dpa-infografik), 35.1 (Susann Prautsch), 46.3 (dpa/T. Schamberger)

Photocase GmbH, Berlin: S. 63.1 (David-W-)

stock.adobe.com, Dublin: S. 6.2 (Ernst, Daniel), 7.2, 19.2, 55.1 (magele-picture), 18.4 (Kollmann, Ralf), 27.2 (industrieblick), 37.2 (ferkelraggae), 57.1 (akf), 67.1 (Atkins, Peter)

shutterstock.com: Umschlag oben (agsandrew), Umschlag Foto (Arthimedes), 38.4 (jgolby), 51.1 (gopixa), 58.1 (Stocklifemax), 60.1, 69.2 (Sudowoodo), 68.3 (YURALAITS ALBERTI)

Wir arbeiten sehr sorgfältig daran, für alle verwendeten Abbildungen die Rechteinhaberinnen und Rechteinhaber zu ermitteln. Sollte uns dies im Einzelfall nicht vollständig gelungen sein, werden berechtigte Ansprüche selbstverständlich im Rahmen der üblichen Vereinbarungen abgegolten.